敍香園往事

李恩霖 著

中華書局

目錄 ✦

推薦序 ⁑
Roger 的敍香園 / 吳俊雄博士

　　2021 年秋，正在準備新一輪「黃霑在深水埗」的行街團，拍擋陳智遠說有新發現：電影《桃姐》裏那個少爺仔李恩霖，原來跟少年黃霑是鄰居，曾經同時目擊 1956 年雙十暴動期間，瑞士副領事夫人在兩人住所門前的大埔道上被活活燒死的慘況。

　　我們決定相約李恩霖到離大埔道不遠的好彩酒樓一聚。見面後的印象是，真人比電影中的劉德華更加官仔骨骨，斯文淡定，同時不拘小節，不論食蝦餃和講舊事都貼近地氣。他說，叫李先生太客氣，不如叫我 Roger。

　　之後，跟 Roger 不定期見面，交換有關深水埗的情報。我發現他除了見過暴動，也目擊過黃霑穿孖煙通底褲上街，知道黃霑經常攜着鐵壺到美荷樓附近的攤檔買牛白腩。我也發現 Roger 對飲食很有心得。好的東西，他吃過，吃的歷史，他有興趣鑽研。所以當他說正在寫一本關於敍香園的書，我說請務必第一時間給我拜讀。

　　讀過，一如所料，十分 Roger。

　　Roger 長期讀番書，但品性靠近老派，待人接物，平實有禮。他的書有一種如見其人的真實感，或我所謂「雙無」的特色。

　　首先，文字無裝飾。Roger 自稱中文屬於中學二年級程度，行文平

鋪直敘，有碗話碗，有碟話碟，請多多包涵。我倒覺得，在這本書，這是優點。像敘香園的大廚所言，好的食材，無需加工，原味，就是好味。特別是當在平鋪直敘背後，有摸得到的真情實感。

此外，情節無花假。這本書讀來輕鬆，但背後的資料蒐集和整理，絕對是得來不易。我見過 Roger 嘗試重構 1960 年代大埔道和北河街交界的風光，在手繪的地圖上加上密密麻麻的民間地標，讓我親身領教到什麼叫做一絲不苟，以及做研究的執着。

因為執着，這本小書充滿了許多動人的童年往事和歷史細節。讀過，我知道敘香園一間酒樓，五個分身，坐落不同地點，跨過不同時段，各有只此一家的撚手菜式。我見到伴隨 Roger 成長的 comfort food，包括燒鵝瀨粉、安樂園的蓮花杯、炸子雞伴碟的蝦片，跟酒樓的命運一齊起跌。命運由台山開始，經過紐約，來到澳門，輾轉落戶中環，立足銅鑼灣，移往油麻地，再入尖沙咀，沿途見證了整個香港黃金與不太黃金的年代。寫歷史，要有個性。Roger 寫人寬容，寫己不忘自嘲（他編寫的舞台劇將自己塑造成阻住地球轉的少爺仔），在每個人生交叉點上的抉擇通情達理。書的鋪排，其實有點像電影劇本 —— 有分場，有畫面，有人物，有感情。書由一個喪禮開始，然後快樂的回憶跟傷心的往事交織而來，每一頓豐盛的大餐之後，是一次人生必經的失落。

我一直相信，世間上所有博物館和資料館的任務，歸根到底，只有一個 —— 如何面對「喪失」。喪失了的空間，喪失了的物件，喪失了的記憶，喪失了的人。我也相信最出色的歷史研究，其實很似電影，因為最好的電影有畫面，有人物，有感情，和做人處世的真實感覺。

Roger 筆下的敍香園，直面喪失，留住人情。這份堅持，如劉德華說，在今時今日，特別珍貴。

2023 年 5 月

自序 ☙

「再見，是新故事的開始
再見，是舊故事的懷念」

一個小學畢業生臨別校園時在報告板寫下的感言。

話說表弟阿邦近年身體轉差，終於在 2017 年不幸因為心臟衰竭而離世，年僅 56 歲。我們一家親人帶着悲傷的心情向表弟阿邦說再見，大家懷念着與他一起成長的愉快時光。在他的喪禮上，我沒想到會遇到銅鑼灣敍香園飯店的舊伙計潤哥，潤哥也是我舅母的親戚。潤哥閒談中透露，敍香園的員工組織了一個「敍友團」的群組，這些年都有定時聚會，大概每年兩次，農曆新年和秋天各一次。因為參加的伙計我大部分也認識，所以我跟潤哥說，我很有興趣參加，和他們敍舊。

2018 年，潤哥果然邀請我到「敍友團」的農曆新年聚會。那天晚上，在六國飯店，共有接近六十人出席，坐滿了五圍酒席，我看見了很多熟悉的面孔。三十多年久別重逢，互相特別熱情雀躍，重提大家名字後，一些影像立刻浮現出來。六國飯店的岑經理當年也在敍香園工作過多年，他特別吩咐廚房用心炮製最美味的餸菜。巧合地，阿邦表弟在瑞士的 Collège du Léman 的同學是六國飯店的掌舵人陳頌勳，他特別吩咐六國飯店的馬榮德總廚，在準備這一餐晚飯時格外留神。伙計們大多還很健康，胃口不錯。因為所有的伙計本身都是酒樓行業出

身，因此對於餸菜和材料相對挑剔。他們能説出每道菜好吃的原因，用料好不好也能一一分辨，聽到他們的分析，我覺得獲益良多。

晚飯時，眾員工免不了興奮地談及他們在敍香園的燦爛回憶，出現了一些超現實（larger than life）的影像，令我產生了強烈的好奇感。

當時我向「敍友團」的成員拿取了聯繫方式，以便日後聯絡他們。從那個時候開始，我陸陸續續分別約見了幾位員工閒談。我覺得如果再不對他們進行訪問，擔心他們年事已高，之後可能再沒有機會，資料也會失傳。

那段時間，我表妹們也從加拿大回來了，她們正着手賣掉表弟在大坑「豪園」的房子，需要清理全屋的物件，表妹們告訴我，表弟保留了不少敍香園的資料，無奈她們要回加拿大，打算全部東西都要棄置。我囑咐她們不要即時扔掉，可能部分我有興趣保存下來。我把酒樓的資料和物品拿回來仔細看了一遍，開始對敍香園的歷史愈來愈有興趣，但還沒打算可以做些什麼事情。根據留下的資料及舊照，再和我表妹們詳細傾談，更加瞭解到五舅父及敍香園背後的故事。該年夏天，我的福音舞台劇「桃姐與我」在多倫多教會演出，我答應了隨劇登台，於是順道到溫哥華探訪及訪問了四舅父家族的表哥和表弟，兩人都曾在酒樓工作，我進一步拿到更多經營上和財務部分的資料。

「敍友團」2019 年秋天再見面時，我也參加了聚會，還聽到員工們具趣味性的往事。但當時只剩下兩圍枱，一年內變化很大，有些老人家行動不便，加上當年的社會事件，很多員工的家人都不讓他們獨自外出吃飯，有幾位則出現腦退化，住進了養老院，另外有兩位相繼

離世。可惜，這一次便是「敍友團」最後一次見面。後來更因為疫情的出現，六國酒店的岑經理也退休了，聚會也少了個地方。2021 年，各人希望再安排聚會，但並不成功。

2020 年，我寫了一個劇本，但未有期望能夠如何面世，因為劇中的時代背景很難重現，很多舊的建築物已被拆掉，如果用電影特技效果來複製，費用不菲，有時代背景的服裝和道具也是昂貴的。我想到舞台劇可能較合適，佈景和服裝都可以抽象一些，但也需要擔心其他的限制。其一是劇本中的人物和外景場地眾多，需要簡化。提到舞台劇，我便想起香港話劇團的藝術總監陳敢權老師（Anthony），我和他在 1982 年已認識，當年 Anthony 和我都剛從美國回到香港，同時在香港電台單慧珠導演的《執法者》片集工作，我是副導演，Anthony 時演員。他還在拍攝時期認識了另外一位演員陳慧蓮（Jojo），亦是他三十多年來的太太。當我知道他很有興趣改編為舞台劇的那一刻，真的是喜出望外，於是便啟動了兩人一起合創《不散的筵席》的劇本。更榮幸的是，此劇本終於在 2023 年由香港話劇團製作及安排演出，由陳敢權親自導演。

在編寫舞台劇期間，我搜集了不少珍貴的舊照片和敍香園的歷史資料，加上和以前的酒樓伙計的訪問紀錄。我有一個衝動要寫下我在敍香園系列的各間酒樓的故事及感受。

據專家說，小孩子的記憶大約從七歲開始，但我的記憶庫應該在四歲（1954 年）左右就開始了，很多影像都刻在腦海裏。開筆寫第一篇（敍香園創始人 —— 林氏及李氏家族史）期間，回憶的片段不斷湧現，啟動了文字演繹的開關，一下子停不下來，喘一口氣時，已是1980 年代的敍香邨酒樓。《敍香園往事》就是這樣誕生的。

特別鳴謝 ⁚

在此讓我特別感謝幾位恩人。

（一） 寫作部分

（1）李玲瓏小姐

因本人中文寫作技能不夠好，如果沒有我的得力助理 Tiffany，本書的文字部分肯定沒法完成，李小姐也專業地幫助了本書的結構及內容的取捨。

（2）吳俊雄博士

吳博士寫了一篇對我過譽的「推薦序」，非常感謝他給我的鼓勵 。他亦為本書提供了很多珍貴意見。

（3）鄭寶鴻先生

鄭老師親切又充滿童真的個人回憶，令公團飯店及中環敍香園老店栩栩如生地呈現在「前言」部分，實在難能可貴。

（4）鍾　凝小姐

感謝鍾小姐很有耐心地觀看了全部的員工訪問錄影帶，細心地摘錄了很引人入勝的「敍香園員工訪談」。

（5）Mr. Samuel Lai

非常慶幸得到黎先生（Samuel）用他對飲食行業的專有知

識來解讀敍香園的古法菜譜，感謝他提供了珍貴的資料。

（二）圖片及其他資料部分

（1）許日彤先生

許先生無私地借出了數張私人珍藏的懷舊照片給大家分享，無言感激。

（2）潘惠蓮小姐

非常感謝潘小姐不厭其煩地提供書中不少的剪報和資料。

（三）編書部分

（1）葉秋弦小姐

本書的文字和圖片的對照特別複雜，非常抱歉加重了葉小姐編書的工作。她對我的寫作過程及此書的排版亦做出了莫大的幫助。

（2）簡雋盈小姐

簡小姐的書本設計工作當然毫不簡單。感謝簡小姐細心拍攝了繁多的酒樓資料照片，令本書的視覺效果更為豐富。

前言 ⚓

敍香園隨想 / 鄭寶鴻先生

　　十九世紀後期，已有多間只佔一至兩個舖位，名稱為酒家、酒館、菜館或晏店等的食館，在港島的皇后大道、德輔道、荷李活道、威靈頓街、灣仔島、交加街，以及九龍的差館街（上海街）及新填地街等處開設。

　　踏入二十世紀，因應急劇增加的人口，更多這類的小館食肆開張，主要供應午飯、晚飯、隨意小酌以及圍數不多的酒席，亦有兼營上門到會的包辦筵席生意者。因收費相宜很受市民的歡迎。

　　1920 至 1930 年代的著名小館，有位於德輔道中 79 至 81 號的敍香園，以及同街 257 號其聯號的公團酒家，及其敍對面的茶香室，還有閣麟街的雲南樓和陶志園、荷李活道的萬聲記、灣仔的有仔記和僑民飯店等。

　　二戰和平後，因社會漸趨繁榮，新舊小館式酒家，多不勝數，著名的有由廣源西街輾轉遷往砵典乍街的鏞記、皇后大道中的鑽石、大道西的庸記及得記、德輔道中的山珍、金石、華樂園、特別、珠江陸海通、永樂街的春源，以及灣仔汕頭街的操記，還有九龍彌敦道的愛皮西及北河街的泉章居等。

　　1950 年代，不時經過德輔道中消防局大廈（現恆生銀行所在）東

鄰的敍香園酒家，其樓上可見名中醫勞吳群，以及代理樂聲牌電器的信興行的招牌，其東邊的 67 號 A 為惠康辦館（超級市場）。

敍香園位於域多利皇后街的黃色側牆，有一約兩米高的紅色一筆鵞字，一如九龍城侯王廟內所見者。鵞字隔鄰，為一出售煎堆油角等的店舖，位於其對面消防局大廈外側的行人路上，有兩三個流動的街頭攝影檔，提供兩至三小時交貨的「即影即有」照片服務，以便申領針紙、痘紙及回港證等「奇難雜證」的急需市民，不少為附近食肆的客人。

在敍香園背後，面向統一碼頭的干諾道 46 號，是亦為老牌的杏香園咖啡室，早期亦有供應綠豆沙、清補涼糖水及各種食品。1950 年代中，亦變身為一如敍香園的中式酒家，其店舖的裝飾及櫥窗陳列，皆令人有華貴的感覺。其東鄰的干諾道中 44 號為惠安餐室一列，唐樓的天台上有巨大的「維他奶」霓虹光管廣告，十分觸目。

1959 年，包括敍香園及杏香園等的八棟樓宇被拆卸，以興建恆生銀行大廈（現時為盈置大廈），於 1962 年 12 月底落成。

敍香園的聯號，有同開業於戰前，位於德輔道中 257 號和德輔道西 18 號的兩間公團酒家，連同敍香園，皆以脆皮鵞（燒鵞）馳譽。德

德輔道西公團所在位南北行街尾。據一位南北行大入口米商陳卓堅先生所述，公團及敍香園的燒鵝為全港最佳，亦提到一位燒鵝大王甘先生，鏞記酒家的甘穗煇先生，亦是在該集團德輔道中 257 號的公團酒家出道者，以潮州翅馳名，連同燒鵝為不少南北行富商的美食。公團所在，現為上環宜必思酒店一部分，之前曾為經營米業及銀號業的金冠商業大廈。

1960 年代初，不少老闆階級，在德輔道中與禧利街交界的公團進食，其兩旁為大中華餐廳及俄國菜館的龍記飯店。公團的裝飾以粉紅為主，所在現為地鐵出入口，其斜對面為廣生行化妝品店。

敍香園另一聯號，為位於皇后大道西 119 號，高陞戲院樓下的桃園飲品店。舉家往高陞「睇大戲」（看粵劇）時，在入場前，母親間中會在桃園購買冰凍飲品如橙汁、檸檬汁等，供一家分享。又或者在店旁甘雨街的靠牆街檔飲「葛菜水」。這一帶的對面為「國家醫院」堤道的「雀仔橋」。

高陞戲院另一端，皇后大道中 115 號與和風街交界的店舖，為戲院大樓內武昌酒樓的電梯入口大堂。高陞戲院連同兩旁店舖，於 1971 年被拆卸改建為僑發大廈。

1970 至 80 年代，在經濟條件容許下，間中會與好友往位於洛克道近波斯富街位於唐樓的鑽石酒家和敍香園酒家餐聚。記得鑽石是以「揀飲擇食，請來鑽石」作標榜。附近還有富臨、福臨門及益新等著名食肆，敍香園亦由小館升格為豪華酒家。

　　曾在九龍區宴銀的大酒家，有包括尖沙咀的金冠、漢宮、海天、翠園、海洋皇宮、海城以及位於漢口道 37 號的敍香園等，全為氣派一流的食肆，大部分是有設夜總會者。記得敍香園臨近與北京道交界處，為一間由景星戲院改建落成的新聲戲院，其對面曾有一家國喜酒樓。

　　敍香園、公團及錦記等多家飯食名店，由戰前之只佔一至兩個舖位的小館，甚至為大牌檔，於戰後飛躍發展，昇華至蜚聲國際、氣派一流及貴客盈門的大酒家，足以見到經營者的拼搏及創新精神和毅力，加上廚藝大師們之匠心獨道，精益求精的苦心，使香港打造成美食天堂，亦可反映出港人的刻苦實幹，由和平後的一窮二白、百廢待舉的境況，發展至現時的繁榮富足，令人驚歎！

2023 年 6 月

Orchid Garden
Restaurant

錢香園酒樓

上　篇

敍香園創始人——
林氏及李氏家族史

一切從我的祖先說起，沒有我的祖先就沒有我，讓我介紹我的祖父、祖母，外公及外婆。

我的祖父及祖母

我的祖父李崇協，1879 年在台山出生，在鄉下環境艱難，生活窮困。十五歲時便坐「大船」到美國費城（Philadelphia），在衣裳館（洗衣店）謀生，辛勞努力二十年後，三十五歲回鄉討老婆，婚後和我的祖母一起回到紐約，開闢新天地。李家有三子一女，都在美國出生。我的爸爸是長子，1914 年在紐約唐人街（Park Street）誕生。據說我祖母的上一代有點外國人血統（有的人說是英國，也有的人說西班牙），所以子女的面相都有點「鬼鬼地」（我的爸爸在澳門居住時曾被人取笑為「鹹蝦燦」，即與葡國的混血兒）。祖父和祖母都擔心「鬼鬼地」樣子的子女會變成不懂中文的「香蕉仔」（外面是黃色，裏面是白色），所以決定由我的祖母獨自帶着四個子女回到台山接受中文教育。

祖母獨力照顧三子一女，很能幹。其間，上天給了她一個人生最大的考驗，她的三兒子十二歲那年不幸染上了傷寒，持續發燒、肚痛及腹瀉。在鄉下地方，是欠缺醫護人員及醫療資源的，只有教會有少量西藥。祖母急起來，抱起兒子到禮拜堂求醫，傳道者只有退燒丸，也沒有多大的幫助，結果大家很無助地看着一個後生仔掙扎不來而離世。牧師唯有安慰着祖母，解釋她的兒子已回到天父的家裏。牧師又向她解釋福音的道理，祖母恍然領略到宗教信仰帶來的內心平安，成為了一個虔誠的基督徒。

◈ 1925 年，李氏一家攝於紐約 Ettlin Studio。（後排左起）祖母、長子（Roger 爸爸）、祖父；（前排左起）四女、三兒子、次子。

◈ 1920 年代，（左一）Roger 祖母、小女兒與親戚合照於紐約照相館。

數年後，祖母移居到香港。戰時日軍入侵香港時，舉家又逃難到澳門。在澳門期間，桃姐的養母（二姑）在教會認識了我的祖母，戰亂之際，經濟困難，二姑委託了我的祖母照顧她的十三歲養女鍾春桃，自此之後，桃姐便成了我家的成員，所以桃姐和我的祖母關係也特別密切。

戰亂期間，祖母及外公同屬志道堂教會，我的爸爸在教會認識並很快愛上了林家最年輕的女兒八姑娘，也就是我的媽媽。外公最初不贊成他們兩人拍拖，因為我的爸爸比八姑娘年長十二歲。外公向爸爸推薦長女三姑娘，因三姑娘對爸爸也有好感，惟爸爸只是鍾情八姑娘，八姑娘亦是非我爸爸不嫁。和平後，1946 年，兩人情投意合之下，急不可待地在澳門志道堂舉行了婚禮。1947 年，外婆、桃姐及爸爸、媽媽一起搬回香港，誕下我的姊姊，1950 年生下了我。

祖母在循道教會熱誠地參與教會事奉工作，我們在大埔道的家也一度成為教友周日的臨時崇拜地方。我的祖母卻在 1953 年不幸中風，行動不便，於 1955 年心臟病發逝世。

祖母喪禮那一天，當時我只有五歲，還記得第一次身穿着黑衫褲，額頭被綁上黑頭巾，感覺有點奇怪，幻想自己變身成為一個海盜王。當日，父母都忙於招呼賓客，桃姐被委派照顧我和我的姊姊。大殮蓋棺儀式先在灣仔駱克道的萬國殯儀館（現址：東城大廈）進行。隨後，桃姐一邊飲泣，一邊帶着我們兩姐弟，隨同各親友，在兩位牧師的帶領下，從駱克道沿着分域街，一眾四十多人一字排開，場面浩蕩，步行一個街口到軒尼詩道的循道教會（三角形紅磚建築物，已成為灣仔地標），進行安息禮拜儀式。親友中包括外公

◈ 攝於 1928 年，（左起）李家三子（十二歲逝世）、次子、
長子（Roger 父親）、堂兄。

◈ Roger 父親（中排右四）與九龍華仁書院師生合照，時值 1930 年。

◈ 1946 年，澳門志道堂，Roger 父母的結婚相，Roger 的祖母及外公在新人左右兩旁。

◈ 1951 年，Roger 一家四口。

◈ 1953 年，三歲的 Roger 和祖母。　　◈ 1954 年，祖母在家中。

◈ 1958 年，Roger（前排左一）和全家為二嬸（後排右三）送機，親友可在禁區
附近，看着乘客登上飛機。眾人身後為舊啟德機場。

及林家各兄弟姐妹及李家的親人。在教會的安息禮拜結束後，棺木被放上一輛像是《仙履奇緣》中南瓜車的黑色靈車，一行人移師到薄扶林基督教永遠墳場舉行安葬禮。當時有一個我不明白的儀式，就是在棺木入土後，眾親人輪流執起一手泥土，撒在棺木上，輪到我的時候，我很是猶豫，覺得這個舉動是對祖母不敬，有點落井下石的感覺（其實現今土葬或火葬時，也有每人扔一朵玫瑰花在棺材上的儀式），桃姐便向我解釋，泥土撒在棺木上，就像我的祝福永遠陪伴着祖母。得到桃姐的解釋後，我很小心拿起一撮幼沙，撒在祖母的棺木上，心裏默默禱告。當我看到「仵作佬」把泥土完全蓋過祖母的棺材時，才驚覺永遠也不會再見到她了，我的淚水奪眶而出，感覺家裏自此沒有祖母的陪伴，永遠少了她的聲音，有一種說不出的缺憾。

安葬禮後，親友乘車到中環敍香園享用解穢酒，五舅父安排了七道餸式的全齋宴，其中有一道菜是冬瓜、豆腐，舅父說吃過之後，各人會平平安安，不會有任何「冬瓜豆腐」。

吃完解穢酒後，各直系親人都需要戴孝一百天，像我這樣的小孩子也要在襟頭扣上一小塊黑布作孝誌。我記得每天早上穿着校服去上課時也不例外，老師看見孝誌，也來慰問我。

脫孝那天，我們各親人又回到敍香園，享用纓紅宴，先上我最喜愛的紅豆沙糖水，其後品嚐八味菜，均有蝦作為材料，務求各人吃完可以消除陰霾，哈哈大笑。我最喜歡吃的當然是「蝦片炸子雞」中的七彩炸蝦片。飯後，我們燒掉全部孝誌，收到纓紅利是，才正式完結「守孝」禮儀。

◈ 眾人離開萬國殯儀館。

◈ 牧師帶領眾人從殯儀館步行至教會。

◈ 黑色靈車貌似南瓜車。

◈ 棺木入土。

◈ 年幼的 Roger 撒沙在祖母的棺木上。

萬國殯儀館在駱克道和分域街，1964 年改建為東城戲院。東城戲院很猛鬼，曾有兩個傳言。一個是「全院滿座」，即不管賣出多少張票，開場熄燈後，觀眾都會看到戲院坐滿觀眾，但一開燈，那些人又都不見了。問賣票的人，那場並沒有賣出那麼多票。另一個傳言發生在戲院女廁，有一回，一個女觀眾去女廁所，看到一個女人正在鏡子前梳頭，她不為意，進了隔間。出來時，看到那個女人沒了下半邊臉，自若地摘下頭顱，正替自己梳頭。像這樣的鬼故當時一度盛傳，我和表弟表妹們想要挑戰一下，決定一起去看《魔鬼怪嬰》（Rosemary's Baby），並且打賭，誰敢單獨去洗手間，便可以免費在銅鑼灣的敘香園吃晚飯。表妹們沒有一個人敢去，我和表弟本來想進男廁，卻遇到廁所暫停使用，據説是因為太猛鬼才封起來不讓人用。戲院在 1974 年改建為東城大廈，地下停車場仍不時傳出鬧鬼傳聞，夜晚 12 點之後便沒人敢去取車，原來那裏本來是萬國殯儀館的停屍間。

時間到了 1969 年，十九歲那一年，我才正式第一次在加州 Albany 見到我的爺爺（祖父），當時他已經九十歲。由於我是李家唯一的男孫，爺爺特別疼惜我。有一天，他帶我到銀行，把他的大部分棺材本取出來給了我，作為我大學學費的津貼。他解釋，他年輕時要謀生，沒有機會唸書。到我爸爸長大後，爺爺對於沒能夠支付兒子唸大學的費用，充滿歉意。爺爺希望我作為李家第三代，能夠成功獲得大學學位，我答應爺爺會用心讀書，完成他的心願。

◈ 1969 年，19 歲的 Roger（左五）和爺爺（左四）在三藩市合照，眾人身後方為金門橋。

　　我亦非常感謝他的慷慨資助，到校園後，我用心學習，幸運地又拿到了少許獎學金，足以應付四年大學的費用。遺憾的是，1972年，爺爺病逝，來不及參加我的畢業禮，我沒能和他拍四方帽合照，但我的心裏永遠都牢牢記着爺爺的囑咐和恩惠。

　　和爺爺共同生活在加州的 1969 年的兩個月，一向獨自生活的爺爺教曉我如何照顧自己，我學會了用 SPAM 罐頭午餐肉為最基本的材料來做好一份美味的三文治。兩爺孫每日午餐都吃着 SPAM 三文治，每次卻用不同的配料，如生菜、番茄、芝士、酸瓜，變化多端，不覺沉悶。歷年來，每次吃到 SPAM 三文治，心裏都會感到一股暖流，覺得特別美味。

　　爺爺年輕時，很長時間在洗衣店捱世界。他是一位燙衣服的高手，教會我如何把衣服燙得妥貼，恤衫、西裝上衣、西褲，全部都有一套程序。疊衣服更是巧妙的學問，尤其是旅行前，若想把男士的西裝上衣不產生褶皺地放進行李箱內是有竅門的。先將肩部向後

對摺，拉平西裝的領位，再上下對摺，保證到埗後，西裝上衣（包括 Tuxedo 上衣）可以還原平滑。每次要把西裝上衣放進行李箱時，我都會輕撫一下上衣，讓它平滑，總有種溫暖的感覺，心中感謝爺爺的旅行祕笈，有如每次旅行時都得到他賜給我的平安祝福。

我的外公和外婆

我的外公林柱勳，1885 年在東莞出生，於廣東長大。林家有三子六女，我的媽媽排行第八，桃姐稱她為「八姑娘」，媽媽的乳名是「嫂蘇」，英文名叫 Susie，因而年幼時，被她的哥哥姐姐們半取笑地叫她「蘇哈 Susie」，後來演變成「嫂蘇」。外公特別寵愛這個蘊女。

我和外公單獨相處的機會不多，我們眾小孩都覺得他不苟言笑，不惡而嚴。在我開始懂事時，大概四歲左右，他不幸爆血管（中風），不良於行。因此，未久就見不到他再出現在敍香園的林家家庭午膳。通常林家家人都會在吃過午飯後一起到黃泥涌道 81 號林家大宅的二樓探望他。

記得我大概五歲時，有一次，不記得怎麼回事，不小心從二樓的樓梯失足滾落幾級台階，雖然沒有受傷，但媽媽卻擔心我受驚，堅持要我到大廳的沙發床上躺下休息。當時我十分失望，因為不能和其他小孩們到跑馬地「大石鼓」處賽跑，頭三名可以得到四舅父獎勵的安樂園雪條。經媽媽遊說後，我終於答應在沙發床上午睡片刻，醒來時，我見到外公已坐在酸枝大椅上，他中風後身體左邊常常有麻痺感，所以工人扁姐正為他按摩左手。外公喊了我，溫柔地

◈　1930 年，Roger 外公林柱勳在教會拍攝的一幀年輕照片。

◈　林氏一家攝於 1932 年，Roger 媽媽在前排左三。

問候我情況如何，知道我還好之後，外公打趣地說，家中的貓和狗已經重獲自由，在花園嬉戲。事緣我在德貞幼稚園上課時，譚修女老師向同學們提問：貓和狗在家中有什麼本能作用？正確答案應是：貓貓有抓老鼠的天生本領，狗狗有看守門口的責任。我卻舉手回答，說貓和狗都是整天被困在籠裏，吃飽就睡覺。譚修女再讓我解釋這個不尋常的答案，我便直言說，外公家裏的貓和狗都是這樣被綁起來的。林家各人得知這個有趣的答案後，這便成為了笑話，他們輕笑一下說：「童言天真可愛」。唯獨譚修女是最了解我的，她大為讚賞我的回答，獎勵了一顆星星給我，她欣賞我的觀察力，實實在在談出我目睹的真實情況，不是隨波逐流，人云亦云。

當日，外公請我替他按摩雙足，我當然不敢拒絕。他的雙腳很肥大，我用盡力按下去都不容易。後來，扁姐便協助我一起完成按摩工作。完工後，外公吩咐扁姐到雪櫃拿出安樂園的「蓮花杯」雪糕給我吃，我當時受寵若驚，然而卻吃得津津有味，很快便吃光了。正值我的表弟表妹們也回來了，我當時很自豪地告訴他們，外公請我吃了「蓮花杯」，比雪條更好吃，讓他們妒忌一番。這一次之後，我對外公改觀了，覺得他有講有笑，是一位外剛內柔的長輩。

我從來沒有見過我的外婆，因她在 1934 年已因肺病去世，年僅四十七歲。當時我的媽媽只有六歲，媽媽只記得外婆皮膚很幼滑，衣着很優雅，是一個很有品味的名門夫人。之後，外公一直沒有再婚，專心做酒樓生意，同時為循道教會出錢出力，成為當年教會一位很有影響力的要員。

◈ 1950 年代，Roger 的外公。　　　　　　◈ 1920 年代，Roger 的外婆。

◈ 四歲的 Roger 與媽媽、姐姐合照。

1906 年，外公的家族林昌盛堂在廣州主要經營蔬菜批發生意及粵菜酒樓，酒樓創業商號為「兆豐酒樓」，啟業年份是 1906 年，在廣州共有四間，是敍香園前身，亦是開山始祖店。

1926 年移居香港後，外公繼續經營戰前在廣州已經開始營運的「廣生欄」，專門經營蔬菜批發。除了供應林氏家族的食肆外，也供應給其他酒樓。

雖然我的祖父早在 1895 年已到美國謀生，但很奇怪他在我外公經營的「廣生欄」也持有少許股份，但我從不確定他們兩人是否曾經見過面。年幼時，我家每年農曆新年都會收到一籮菜，有黃芽白、蓮藕、蘿蔔、芋頭等等，足夠供應我們一家人半個月。桃姐用這些食材炮製著名的過年糕點 —— 蘿蔔糕及芋頭糕，至今親戚們都說是空前絕後的美味佳餚。

◈ 1958 年「廣生欄」（西環菜市場 58 號）給 Roger 祖父李崇協的分紅記錄。

除了廣生欄外，農曆新年還有一籠是六姨丈送來的由澳門運來的「廣萬隆」炮竹煙花，也是我最期待的，各式各樣的炮仗包羅萬有，滴滴金、火箭炮、陀螺煙花（可在地上轉圈）等。我們家住在四樓，那時我只有五、六歲，我最喜歡把炮仗丟進螞蟻窩，看牠們逃出來的時候暈暈乎乎的，有一種說不出的乖戾樂趣（perverse pleasure）。頑皮的我還喜歡點着雙響炮仗扔下樓。樓下的行人走到斑馬線的一半，被炮仗再度爆破嚇到愣在原地，我和姐姐則躲在騎樓後面向下偷看他們害怕的樣子，很開心地做無聲拍手的動作。但有一次，我因為一手拿着炮仗，一手拿着香來點火，點火後放手太遲，手指被燒傷了。桃姐替我包紮手指，既擔心，又怪責我任性。

外公同時也很用心經營酒樓業務，首間在香港的酒樓商號為敍香園，容後下一篇再詳談。敍香園的業務上了軌道後，外公開始擴充業務，全盛時期，還有杏香園、公團飯店、桃園酒家和華樂園。

林氏家族早期經營的食肆（1926 年 — 1959 年）

	商號	地址	位置
1	杏香園	干諾道中 46 號	近租庇利街
2A	公團飯店總店	德輔道中 257 號	近禧利街
2B	公團酒家支店	德輔道西 18 號	近文咸西街
3	桃園酒家	皇后大道西 119 號	高陞戲院右邊，雀仔橋對面
4	華樂園飯店	德輔道中 68 號	近域多利皇后街

（1）杏香園

杏香園是香港早期的冰室，位於干諾道中及域多利皇后街交界處，在維港海旁（當時流行稱作「海皮」）。客人除了統一碼頭、港澳碼頭及天星碼頭的船客外，還有從三角碼頭來的勞動階層。當時從廣州及東南亞來香港的貨物都在三角碼頭上落，咕喱（苦力）搬完貨後，特別是夏天，最喜歡光顧杏香園，這裏有製冰機器，可提供冰凍的檀島咖啡、奶茶及啤酒，還有粥、粉、麵、牛腩等。因為外公和「安樂園雪糕」的創辦人張吉盛同是循道教會的支柱兼老朋友，於是杏香園也引進了雪糕，杏香園是最早開始供應椰子、芒果及三色雪糕的餐廳之一。

我年幼時的一個夏天，在那裏第一次品嚐了紅豆冰，還和我姐姐共享了菠蘿冰。兩姊弟一起吃着紅豆和菠蘿，一起含着杯中的碎冰，待冰融在口內，一陣「涼浸浸」的感覺，不亦樂乎。回到家中，我要求桃姐照辦煮碗，但因雪櫃（爸爸 1954 年從美國回港，不久就買了一台 Frigidaire 北極牌美製冰箱）只有冰塊，沒有碎冰，味道始終不一樣。桃姐也無奈地聽着少爺仔的無理怪責。

（2A、2B）公團飯店（總店及支店）

公團飯店設有兩間店，總店在德輔道中，近禧利街。支店在西環德輔道西，近文咸西街，兩間都是有名氣的小菜飯店。總店的顧客以家庭及商務客為主，支店顧客則是有消費能力的豪客，因為附近地區很繁華，有不少娛樂場所。

◈ 分別從域多利皇后街及從干諾道中拍攝的杏香園。當年杏香園門前的兩條柱子各寫着冰室供應菜式及特色：粥粉麵飯、冷熱飲品、香濃咖啡、馳名粥品。在左方照片的杏香園側面牆身，可見英泰士多的招牌，有沙示及綠寶（Green Spot）汽水出售，都是舊式香港的風景。

◈ 1957 年，刊於香港飲食業總會年刊，分別為公團飯店總店廣告及公團飯店支店廣告。

◈ 杏香園右側為舊中環消防局大廈，現已改建為恆生銀行總行大廈。

◈ 照片正中是杏香園冰室，右方可見到交通警察在交通亭指揮交通，左方車
牌掛着「學」的「學神」。

◇ 南灣泳棚，Roger 父母（後排）與林家家人。

◇ 桃姐在南灣泳棚照顧年幼的 Roger，照片左下角為 Roger 四舅父，是敍香園管理財務的負責人。

在炎夏的星期日，林家一家人在敍香園用完午膳後，不時會到南灣租用的泳棚，讓小孩們在海灘玩沙游泳。黃昏後，便會到香港仔的太白海鮮舫吃美味海鮮，或到西環公團酒家支店吃小菜晚飯。我們小孩們特別喜歡這間飯店，因為閣樓有清涼的冷氣，公團飯店打出名堂的原因之一，是因為它是西環第一間設有冷氣開放的酒樓。

（3）桃園酒家

桃園酒家位於皇后大道西 119 號，在高陞戲院右邊，雀仔橋對面。顧客包括開場前及散場後的戲院觀眾。

（4）華樂園

華樂園飯店在德輔道中 68 號，在敍香園的斜對面，馳名海鮮小菜，以商務及白領客人為主。1955 年，因業主要收回物業而結束營業。

◈ 1957 年，公團飯店（總店）　　◈ 公團酒家（支店）舖面。（相片由鄭寶鴻先生
　　舖面。　　　　　　　　　　　　　　提供）

德輔道中的華樂園，
當時有舞獅慶祝。

◈ 1948 年，照片為上環德輔道中，左方明華洋服後為公園飯店店
　址，而大同酒家則在公園飯店斜對面。（照片由許日彤先生提供）

Orchid Garden Restaurant

鈥香園酒樓

敍香園的流金歲月

敍香園在香港經營的五間分店

年份	商號	地址	位置	營運年份
1926 - 1959	敍香園	中環德輔道中 81 號	中環街市斜對面	33
1962 - 1987	敍香園飯店	銅鑼灣洛克道 481 號	近波斯富街	25
1964 - 1970	敍香樓	油麻地彌敦道 355 號	永安大廈富都酒店三樓	6
1970 - 1989	敍香園酒樓	尖沙咀漢口道 37 號	近海防道	19
1979 - 1986	敍香邨酒樓	灣仔洛克道 341 號	近杜老誌道	7

　　敍香園在香港及九龍旗下的食肆，先後共有五間，在二十世紀期間，橫跨了 63 年（1926 年 － 1989 年）。作為一個鍾情懷舊電影的影迷，我可以用電懋電影《四千金》來比喻五間酒樓的性格及命運。

- **敍香園（中環）** 就像一個慈父（性格亦似我的外公），不怕艱辛，勤力用心工作，生意經營以誠信為宗旨，童叟無欺，建立了品牌，給下一代打下了堅實的根基。

- 大女**敍香園飯店（銅鑼灣）** 外貌相對平庸，但平實可愛，大方得體，平易近人，得到基層街坊及高消費人士同時愛戴，一生勤奮工作，品質優良，貨真價實，由始至終收入穩定且豐裕，是一個從不需要人擔心的女兒。

- 二女**敍香樓（油麻地）**明艷動人，衣着入時，善於包裝自己，得到時尚人士追捧，更得到一位台灣企業家欣賞，開拓了一間裝修華麗，中西合璧的潮店。啟業時，她的公關工作做得很出色，也有父親傳授的優越品質，結果得到上流社會人士愛戴，衣香鬢影，每晚都座無虛席。可惜隨後和台灣企業家意見分歧，結果不歡而散，只能曇花一現，留下一頁美麗回憶。

- 三女**敍香園酒樓（尖沙咀）**年輕貌美，承接着二姐的名氣及氣場，很快得到知名人士及電影明星們的追捧，加上出品憑着家傳秘方，用的都是真材實料，自創高檔品牌，名氣大增，晚晚爆棚，生意應接不暇，一度為時尚指標。奈何年紀漸大，不懂包裝，顧客貪新忘舊，追求更年輕新潮的時尚，三女的公司生意開始下滑，漸被淘汰。但她還是堅守貨真價實的原則，最終還是光榮結業。

- 四女**敍香邨酒樓（灣仔）**生於盛世，本來最有經濟條件發展事業，可惜先天不足，野心太大，欠缺判斷能力，經常舉棋不定，定位不明，有華而不實的嫌疑，結果生意欠佳，被迫退出市場，幸好家底豐厚，平了數而離場。

這五間敍香園陪着我成長，每間都有着暖心的回憶和有趣的軼事。

（1）敍香園 —— 中環
（1926 年 – 1959 年）

1926 年，外公從廣州移居香港後，創立了第一間酒樓，商號為
「敍香園」，在上環德輔道中 79-81 號，因此外公覺得 81 是他的幸
運數字，同時買下跑馬地黃泥涌 81 號的兩層大宅，作為他的住所。

敍香園斜對角是中環街市（日佔時期曾命名為「中央市場」），
每天可以買到新鮮的肉、海鮮及蔬菜。敍香園右側為域多利皇后
街，面對着消防局（早期又稱為「水車館」），消防局後改建為現今
恆生銀行總行。敍香園位置獨特，和杏香園一樣，是統一碼頭、港
澳碼頭及天星碼頭船客的必經之路。

同時，中環的寫字樓也開始增加，也是白領階層的醫肚竇口。
據一位食客程志先生如下的記錄，1937 年的敍香園是「寫字仔」（初
級文員）吃午飯常去的飯店，一碟茄汁牛腩飯是角二，一碟牛肉飯
是角半，相差三分錢。一個像雞包那樣巨型的叉燒包只是五仙，已
經足夠填飽肚子。

◇　1950 年代的敍香園。

◈ 1940 年代位於德輔道中的敘香園，從照片可見，當時門前是熙來攘往的電車路。
（照片由許日彤先生提供）

三十年代的白領 ── 程志

一九三七年十月，日機轟炸廣州，我們舉家避難到香港來，當年我是十九歲，剛考過中學會考，算是中學畢業了。到埗後，闔家登時化整為零，分頭寄居在親戚朋友家裏，雖不至人亡，而家實在是破了。

還好，幾個星期後，由親戚介紹進入一間中國人開的小洋行裏當「寫字仔」，（亦即今天的初級文員），地點就在今天的中和行大廈，那時候是叫中國銀行大廈的，那小洋行面積當然不會大，老闆還用玻璃屏風間了五十方呎大小的司理室，外面作「田」字型擺了四張寫字枱，一張是會計兼出納，和我相對的一張是我的頂頭上司，左手和我並排的是「行街」（推銷員），茶房（後生）就在大門的旁邊，和我恰好是相背而坐。四邊牆壁都擺着文具櫃，卷宗貨辦（樣本），都堆在裏面，尤其是貨辦真是包羅萬有，色色俱全，不過看起來卻像個垃圾堆罷了。

那時候，打洋行工的人穿着是要非常整齊的，天天都是穿西裝外衣和結領帶，可憐我是走難來的，在廣州哪裏有西裝，而中山裝是只有聽差才穿的，沒有西裝就不許上班，怎辦？！沒奈何只得硬着頭皮首先向親戚朋友借來穿，同時更伸手借了卅塊錢，聲明上班發薪後兩個月內清還，當年我的月薪是廿五元，初出身不算高也不算低。在卅塊錢裏，拿了十八塊錢去縫一套三件頭西裝，其餘買兩件襯衣和領帶。

手上還有幾塊錢，就用來打發中飯，到敍香園去。茄汁牛腩飯每碟角二，牛肉飯是角半，兩者相差雖三分

錢之微，可是還是天天都吃牛腩飯罷了，誰教你口袋不爭氣，上班下班走路是不用猶豫的，幸虧從家裏到寫字間去二十分鐘可以走到；我的皮鞋是車輪膠胎作鞋底，不愁跑壞。

林氏家族在廣州的始祖店「兆豐酒樓」最著名的是燒鵝，順理成章成為香港鏽香園的招牌菜。鏽香園右側域多利皇后街外牆有個鵝字，商標有別於傳統寫法，是上「我」下「鳥」。這個商標的書法家很自豪地說，這個字是一氣呵成「一筆過」完成的。據舊伙計說，鏽香園的燒臘師傅「肥仔明」曾將燒鵝技術傳授給他其中一個徒弟「燒鵝輝」，後來「燒鵝輝」自立門戶，開始是一間企檔（大排檔），之後擴業到現今位於威靈頓街的「鏞記」。

年幼時，我常常去中環這間鏽香園。四歲前的印象比較依稀，桃姐卻記得她第一次帶着我去鏽香園是 1953 年（我當時三歲），我們林家一家人用膳後，都聚集在鏽香園門口看英女皇伊利沙伯二世加冕的巡遊。我媽媽一向是英女皇的擁躉，因為她倆同年出生，每次到戲院，在放映電影正片前都會放映新聞片，媽媽每次都專心觀看，之後不斷讚賞英女皇雍容華貴。媽媽即使到了七老八十，也還是追隨着英女皇的消息。媽媽先於 2021 年因年老離世，英女皇伊利沙伯二世於 2022 年去世，相差一年，兩人都幸運地沒有經歷長期病患，無風無浪便回到天家。

隨後我記得，每個星期日下午，我們一家人，有爸爸、媽媽、姐姐，有時還有桃姐一起，在油麻地加士居道的循道教會九龍堂做

◇ 敘香園大飯店刊登在年報的「鵝」
字廣告。

◇ 1950年代，上「我」下「鳥」的標誌。

敘香園往事

54

◈ 1950 年代，敍香園位於中環街市（戰時改名為中央街市）的斜對面。
（照片由許日彤先生提供）

完崇拜後，就習慣到佐敦道碼頭，乘搭油麻地雙層汽車渡輪（上層載人，下層載車），過了海，到達中環統一碼頭後，遙遠地可以看到杏香園及街後的敍香園。

我們每周乘搭油麻地雙層汽車渡輪時，如果是坐私家車過海的話，我最喜歡在渡輪的下層，開船後，可以下車到船頭，欣賞海景，向上看是藍天白雲，遠景是港島的高樓大廈，向下看就是船隻破浪掀起的浪花，微風吹來，我很享受乘風破浪的感覺。桃姐在旁卻總是擔心，盯着我要合上嘴巴，不然撞了「生風」入肚，就會肚子痛。但如果運氣不好，車泊近船尾就倒霉了（通常是私家車先駛進渡輪船頭，貨車隨後跟着停泊在船尾）。我最「棹忌」的是船尾的貨車，貨車載着從新界農場運去中環街市的，還活生生的豬隻或者雞隻，又嘈吵又有異味。船尾也有單車，上面載滿了街市的濕貨，通常是工人要從街市屠房運去酒樓的剛劏好的原隻雞或豬。

敍香園樓下有數張枱，樓上有個閣樓，因為閣樓是後期加建的，所以牆邊地下佈滿粗粗的電線。閣樓的面積不是太大，我們林家一家人星期日下午就在那裏包場，作為聚會地點，可分兩枱，十幾個大人坐一枱，小孩們另坐一枱。大人那枱的小菜比較豐盛，小孩們這邊通常是每人各自點粥、麵、飯，再加些燒味和蔬菜。我的至愛是燒鵝瀨粉，每次都能吃掉一大碗。

◈　1950 年代的中環。

◇ 敘香園留下的罕有彩色照片。

◇ 杏香園冰室，是當年三角碼頭工人喜愛光顧的冰室。

◇　1950 年代的德輔道中，遙遠可見敍香園在左方。（照片由許日彤先生提供）

談到燒鵝瀨粉，一定要提及「波叔叔」。姨媽們說，我年幼時很精靈，已經懂得「氹」人。我每次進入店舖時，就跟燒味師傅「肥仔明」大聲說：「波叔叔」（肥仔明外型及身體語言都很像藝人梁醒波，所以細佬哥們給他起了個「波叔叔」的花名），我再指指肚皮，示意肚子餓。波叔叔就會偷偷地斬一隻燒鵝髀（還是左髀，據他說是比較嫩滑）放入瀨粉給我吃。其實我們小孩們點菜時不許要求燒鵝髀，外公曾嚴厲訓話，指一隻鵝只有兩隻髀，如果被我們小孩們全部吃光，其他客人便吃不到了。

那陣子，一個小孩子的要求十分簡單，日子過得無憂無慮，很容易感到滿足。每個星期日下午，我能在敍香園吃到一碗燒鵝瀨粉的話，就好像充了電，可以天下無敵，應付各種成長中的不適應。由 1954 至 1959 年，在我四歲至九歲這幾年，敍香園的確給了我的童年許多快樂的回憶。在成長階段中，一個人的要求及選擇愈來愈複雜，現在只可以懷念失去的童真（lament for lost innocence），永遠都懷念波叔及他的左髀燒鵝瀨粉。尤其是 1969 年移居美國後，就算到唐人街，也只能吃到燒鴨（唐人街稱為「火鴨」），找不到燒鵝。可以吃到河粉或米粉，卻找不到瀨粉。每逢坐長途飛機由美國回港時，下機後立刻要吃那久違的燒鵝瀨粉。在一個風雨交加的晚上或在情緒低落時，便會心血來潮，有一種衝動（craving for）要吃一碗燒鵝瀨粉，不知不覺它就成為了我的 comfort food。

1979 年回流香港後，有一晚和電視台的員工拍完夜班去「打冷」（潮州宵夜），同行者點了飯或粥，我又心血來潮，點了瀨粉，同行同事們笑得倒地，稱我是半個「鬼仔」，後來時常被他們拿來開玩笑。

除了燒鵝瀨粉，我們細佬哥一枱最喜歡吃炸子雞，但對我們來說，最吸引的不是炸子雞，反而是旁邊的配菜，脆卜卜的「蝦片」，每次一端上來，就被我們搶撲一空。當時我和姐姐還小，桃姐帶着我們一起去，照顧我們的飲食。桃姐習慣不另外落單點菜，作為傭人，她很謙卑地只吃我們剩下的餸菜。每次炸子雞一上枱，我們搶光蝦片後，她就吃剩下的其實是最美味的炸子雞。

從敘香園閣樓的鐵窗縫中可以看到對面的消防局，小時候我最期待聽到火燭車（消防車）出車前的響亮鐘聲，每次都會馬上停下手中的筷子，桃姐就追着我一起，跑到窗邊看火燭車出動的情景。我們一班細佬哥不怎麼吃東西，吃一兩口後就都跑到樓下的街道上追跑，玩「捉伊人」（捉迷藏）。桃姐在一旁監視着，等我定下來便會替我抹汗，防止「攝親」。

◈ 1930 年代的敘香園門前，路上有不少人力車。

午飯時，男士們通常聊教會的教友們權力鬥爭和近期的經濟行情，女士們都喜歡八卦一下時下的新玩意，例如：「呼拉圈」（Hola Hoop）。我的媽媽曾經有一個成人圈，姐姐有一個兒童圈。女士們也會談談近期好看的電影，舅母曾經很喜歡蘇珊希活（Susan Hayward）主演的《我要活下去》（I Want to Live），讚賞她演技精湛，但小孩子不適宜觀看。媽媽獨愛音樂劇，她跟爸爸看了《脂粉七雄》（Seven Brides for Seven Brothers）兩次之多，她的偶像是能歌善舞的真基利（Gene Kelly）。

　　大人們一起愛聊的還有「八卦」話題，我印象中最深刻的有兩宗，都是關於兩位青春美女的不幸遭遇。其一為我的五舅母及六姨丈的妹妹玉貴姑娘（五舅母和六姨丈是兄妹關係，雙重姻親，親上加親）。話說我一次見到玉貴姑娘應該是在容龍別墅。

　　　容龍別墅的位置在新界青山公路十九咪，青山酒店則在十七咪半，兩者都是林家星期日午飯後往新界享用下午茶的遊覽勝地。在大埔道那一邊則有 Shatin Heights Hotel（沙田大酒店）和雍雅山房，比較少去的還有 Shatin Inn 和遠一點在粉嶺的「蓬瀛仙館」，兩者都被視為低一檔的地方，女士們覺得廁所設備不夠整齊清潔。

◈ 當時周末家庭聚餐之一的地點,就在容龍別墅。1956 年,林家在此下午茶聚並合影留念。

◈ 1950 年,沙田火車站,親戚們一起去郊外野餐,桃姐抱着 Roger 的家姐。

◈ 1949 年,虎豹別墅也是 Roger 和林家星期日去過的「遊車河」勝地。

◈ 玉貴姑娘與姐姐玉湖姑娘。

　　初次見到玉貴姑娘那一天，正是林家例牌在每個星期日下午的港九及新界一日遊，我們一班小孩們先在容龍別墅的水池，給百年老龜餵食生菜，桃姐還囑咐我不要拿着生菜不放手，最怕烏龜咬着我的手指會死口不放，便要等待行雷時，它才會鬆口，嚇得我格外小心翼翼地拿着菜葉。下午茶後，眾人在離開容龍別墅時，經過別墅裏的游泳池，遠遠望到玉貴姑娘和一班年輕人嬉水，她還跟一個英俊年輕的男子在泳池邊熱情地跳查查舞。親戚們沒有打擾他們，卻竊竊私語，說她在護士學院工作，大好前途，不應和這一班飛型男女交往。她的男友不務正業，只是教授社交舞為生。

　　數月之後，在敍香園午飯時，氣氛沉重，原來玉貴姑娘在彌敦道近佐敦道的新樂酒店（酒店外牆經過維修後，多年屹立不倒。到結業前，我每次乘巴士經過新樂酒店時，都不禁會回頭一望，有所感觸）租了一間房間，飲了酒後寫下遺書，跳樓身亡。遺書中她向家人道歉，直認誤交損友。原來男友有不良嗜好，因知道她來自大

富之家，不斷勒索金錢、財盡後便棄她而去。事件中，身為她哥哥的六姨丈極為哀慟，更難過的是她的姊姊（我的五舅母）。五舅母和玉貴姑娘姊妹情深，她婚禮時，玉貴姑娘還是一位很漂亮的伴娘。玉貴姑娘明艷熱情，本性善良，唯獨容易信人，大家都惋惜她年輕早逝，離世時只是二十七歲。

另外一位遇到不幸的芳華正茂的少女是歌星方靜音。話說我們的六姨丈是當年極有品味的富家公子，每次見他都是不同款式的筆挺西裝，最新的社交舞、查查（Cha cha）、牛仔舞（Jitterbug）、拍青瓜（Pachanga）和連波舞（Limbo Rock）也難不倒他。記得年幼時，有一次他帶了我們林家一家人，包括小孩一起，到北角麗池夜總會，享用着小吃及欣賞歌星獻唱。那晚的歌星正是方靜音，她一邊唱，一邊兩手搖着南美流行的沙球（maracas），身穿旗袍，婀娜多姿，給只是幾歲的我腦中留下了永久的影像。

◈ 1949 年，Roger 父母（左一、二）和林家親友在北角麗池酒店宴會廳，當時大家衣着摩登，可見戰後的香港很快回復繁華的一面。

過了一陣子，在敍香園的一次午飯時，家人議論紛紛，正談及方靜音在新界大欖涌撞車身亡事件。據聞，當日，她坐在男友車子的前排，惟男友酒後還駕駛，猛撞向橋墩，方靜音不幸身亡，年僅二十五歲，她的男友因此終身殘廢。隨後，一個周日下午，我們林家一家人乘着車子到新界遊玩，沿途經過現場，司機哥哥指向橋墩，解說那座橋被稱為「猛鬼橋」，因為曾經有多宗交通意外在那裏奪去人命，嚇得我們幾個小孩子攏在一起，眼睛張開，不敢作聲。每次我們一班小孩們乘車路經青山公路「猛鬼橋」這地段時，都躲在椅背後，閉上眼睛，不敢正視。尤其有一次晚上，在新界一日遊的日程中，經過此地時，司機哥哥更作弄我們，說他好像看到無頭女鬼，穿着血染的白袍在車頭飄過，嚇得我們眾小孩都尖叫起來。不久之後，在新界發展新區工程中，猛鬼橋終被推平而消失了，從此我們一班小孩在新界遊也失去了充滿童真的刺激元素。

◇ 方靜音撞車新聞（1959 年 12 月 6 日，《大公報》）

眾大人都說，方靜音的名字起得不吉利，靜音意味着永遠靜止了她的音樂，是變相的詛咒，但她的悅耳歌聲還是令人懷念。

飯店樓下有個報紙檔（報攤），進去飯店前，我的爸爸習慣買一份《華僑日報》，我總是死纏着他給我買公仔書（漫畫）。當時我最迷戀《神筆》、《神犬》和《財叔》的公仔書。《神筆》及《神犬》都是那個年代小朋友的神奇科幻世界，通常小朋友有了超能力的武器對付壞蛋，多數都是大人。說起超能力，同期間我也特別喜愛看《飛天老爺車》（*The Absent-Minded Professor*）這部奇幻電影，戲裏小英雄的鞋底貼了「萬能膠」，就像充了電，可以飛躍到天上，鋤強扶弱。

那裏的報紙佬跟我一個表姨之間有一段小插曲。報紙佬五官端正，遺憾是下巴兜兜，所以小孩們就給了他「鞋抽」的花名。「鞋抽」外型很正派斯文，談吐溫文有禮，看起來為人頗為老實，沒想到卻是個騙子。我的表姨常來敍香園吃飯，兩人因此熟識起來。單身的表姨對他有些好感，兩個人又聊得來，漸漸產生了好感。報紙佬哄表姨借錢給他，拿去做小生意。沒想到，「鞋抽」卻是拿錢去澳門賭，輸光了。再後來，還被發現他在澳門已經有老婆、有兒有女，表姨因此很傷心。我們知道以後，對他的看法完全改變了，姨媽及舅母們說，下顎孤聳的人都是反骨仔，消息傳到其他酒樓的食客耳中，就開始杯葛他，我的爸爸也跟隨其他食客去了其他報紙檔買報紙。沒多久，那間報紙檔就賣給了別人，負心郎也消失了。

《財叔》是那個年代的皇牌漫畫。財叔是抗日游擊隊的老英雄，有神奇的機關槍可橫掃「蘿白頭」（日本兵）。隨之在 1991 年，徐克拍了《財叔之橫掃千軍》，一部由石天、梁家輝、張學友主演的電影，就是根據此漫畫改編的。當時，我剛好在徐克的電影工作室工作，原來《財叔》也是徐克童年的情意結，可惜電影拍得未如理想，票房也不好。

1954 年，外公不幸爆血管中風，將酒樓生意交給舅父們打理。三位舅父中，四舅父負責管理財務、匯集和行政，所謂「揸鎖匙」，五舅父則負責管理廚房、樓面及餸菜的 quality control（品質監察）。九舅父也持有酒樓股份，但他對商界比較有興趣，很少參與酒樓的營運。外公開始縮減及相繼結束了公團、桃園及華樂園的經營。1959 年，新業主恆生銀行（從何東家族收購回來）通知要收回林家餘下的敍香園和杏香園，拆建新廈，敍香園和杏香園被迫遷，最終敍香園獲賠十八萬元，杏香園獲賠十萬元。同年，外公一生的心血被連根拔起後，他心碎地離世。

> 中環的敍香園曾陪伴我童年（三歲至九歲）的成長，波叔叔的燒鵝瀨粉尤其難以替代。早上屠宰的鵝隻是從對面的中環街市新鮮運到，瀨粉是酒樓自製，湯是用鮮雞熬製，加上波叔叔的燒烤巧手功夫，這樣的搭配簡直是難以代替的。

◈ 1953 年 6 月 2 日，Roger 第一次去敍香園觀賞英女皇伊利沙伯二世加冕的舞獅慶祝。

（2）敍香園飯店 —— 銅鑼灣
（1962 年 – 1987 年）

英文名：Orchid Garden Restaurant

1959 年，中環的敍香園結業，三年後五舅父開辦了敍香園飯店。開張大吉那天，由東華三院總理陳蘭芳（也是五舅父的外父）燃點他的「廣萬隆」出品的爆竹，送上祝福。飯店地址為駱克道 481 號，近波斯富街。敍香園飯店在鑽石酒樓和富臨飯店之間，一排三間都是當下最有知名度的酒樓。

敍香園飯店舖面不大，分上下兩層，樓上是小閣樓，樓下有八張四人卡位，七張十人大枱。閣樓只有三張四人小枱，兩張十人大枱。全飯店坐滿，可以容納一百三十位客人。

飯店的員工都是從中環的敍香園來的，包括廚房和樓面，從開業到結業似乎都沒怎麼大變化。飯店上層的部長是潤哥，是五舅母的親戚，早年在杏香園工作。下層是蘇哥大佬（員工一號），十多歲已經開始在上環敍香園工作。熟客們都認同他們是飯店的永久固定資產（permanent asset），沒有他們，飯店就不完整。

酒樓生意漸漸穩定起來，每晚都座無虛席，所以五舅父不建議我們林家星期日的午膳在那裏吃，除非是下午三時之後。因為星期

◈ 1962 年，敍香園飯店開張，放炮仗祝賀。

敍香園飯店
調製型獨到 · 一致推崇

名菜介紹

鮮蓮冬瓜盅　中一百元
瑤柱蟹肉冬蓉　四十二元
芝蔴海蜇手撕鷄　半隻六十元
鮮荷葉飄香鷄　五十二元
脆皮燒乳鴿　每隻四十二元
蟹汁白玉捲　三十八元
粉絲生蝦煲　時價
百花釀芥胆　三十六元
蒼梧紙包肉排　二十六元
白灼鮮腰膶　二十四元
豉油皇鵝腸　二十元
椰汁燉燕窩　每位十六元

敍香園飯店
調製型獨到 · 一致推崇

家庭小菜介紹

瑤柱鮮陳腎炖菜胆　二十六元
雪蛤鷓鴣羹　三十元
腿蓉鷄粒乳酪　二十二元
菜片鮮蝦崧　四十八元
薑芽鮮鴨片　二十八元
薑芽牛柳絲　二十四元
豉汁涼瓜牛肉　二十元
韮王鮮菰生魚捲　三十五元
蓬菜六耳　三十五元
脆皮奶椒鹽吊片　二十六元
蝦子扒釀節瓜　二十八元
麒麟蒸荳腐　二十八元
韮王魚片豬紅　二十四元

◇ 1962 年 1 月 13 日，敍香園刊登報紙廣告，
告知營業消息。

歡迎到會　包辦筵席

◇ 敍香園留下來的便條紙。

◈　敍香園飯店開張，陳蘭芳先生點炮仗。

◈　敍香園飯店開張，Roger 爸爸也到酒樓道賀。

◇　母親節期間，敍香園刊登在報章的廣告菜式，
說明其特色。

日午膳時段，大部分位子都已留給固定熟客，主要是馬主們，待吃完午飯後到跑馬地馬場「鋪草地」（以銀紙貢獻給馬會）。於是有幾年，我們改去六國酒店二樓的六國飯店較多。六國飯店在灣仔「海皮」，位於軒尼詩道的循道會香港堂附近。一些林家家人在香港堂做完崇拜，很方便步行去六國飯店，在那邊午膳。其他林家成員，比如我們一家，在循道會九龍堂做完崇拜，乘搭尖沙咀碼頭的天星小輪或佐敦道碼頭的油麻地小輪到灣仔碼頭，上岸後步行經過灣仔警署，幾分鐘便到六國飯店。

一提到六國飯店，我就聯想到 1959 年的「三狼案」，當時的著名石油業富商黃錫彬之子黃應求有一晚在六國飯店的仙掌夜總會消遣完，在取車途中遭幾名匪徒綁架。數日後黃家接獲打單信，內附一隻耳朵，署名「野狼」，要求贖款。黃錫彬立即報警，沒過多久，黃應求就被撕票了。因為黃應求出事前在六國酒店的仙掌夜總會喝酒，夜總會和我們每個星期日午膳的六國飯店就在同一樓層。所以當服務員指着一個方向，説黃應求是在同一樓層的夜總會裏喝完酒被人綁架時，我們幾個小孩子都望向那個方向，夜總會日間還未開市，漆黑一片。服務員整蠱我們小孩們，笑説他的鬼魂還在他坐過的枱，嚇得小孩們都攏在一起，嘩然大叫。那段時間每個星期日，林家各人都追着這件事的發展，足足有兩個多月，我尤其被吸引，好像在看電影情節，之後查到匪徒的身世，印象最深刻的是，其中一個是電影化妝師「黏鬚燦」。

銅鑼灣的敍香園飯店，小小的舖面，裝修平實簡潔，卻有「富豪飯堂」之稱，常常能在這裏看到各界知名人士，就像近代的「福臨門」。當時，在繁忙的午膳和晚膳時段，能在敍香園訂到位是很大的面子，算是「a restaurant to see and be seen」，只有有頭有臉的熟客才能訂位。熟客也很慷慨，帶位時也會給部長們小費。飯店的營業時間頗長，由上午十一時至深夜二時，富豪和政界人士多在午膳時間來，專業人士和藝人多在晚膳時間來，作家則在宵夜時段來。

　　富豪人士中，劉鑾雄最愛外賣這裏的叉燒，鄧肇堅爵士喜愛清蒸三刀魚，馮秉芬獨愛豉油王鵝腸，霍英東每次一定要吃蜜炙菠蘿雞和鹹魚雞粒煲仔飯（瓦罉上）。政界常客有前港督尤德和他的夫人彭美拉，簡悅強爵士、關祖堯爵士等。專業人士則有方心讓醫生，香港殯儀館老闆蕭明，食評人王亭之，足球員姚卓然、莫振華及何祥友等。藝人有任劍輝、白雪仙、胡楓、李香琴和譚炳文。作家楊天成會在宵夜時段寫作。據飯店員工說（不是胡說的），黑道人物葉繼歡和張子強也有來過，因為附近就是登龍街，當時是白粉買賣的中心。

　　但在非繁忙時間，敍香園卻是一間平易近人的街坊小菜飯店，所謂豐儉由人，例如菜遠蝦子豆腐、素燜柚子皮、梅菜蒸斑尾、魚片豬紅粥都是馳名街坊的。我有一兩次和同學們打完乒乓球後，下午茶時段到敍香園用膳，同學們對叉燒及燒鵝當然讚不絕口。蝦子柚皮口齒留香，令各人回味無窮。

◇　六國飯店 1986 年舊照。(照片由鄭寶鴻先生提供)

◈ 於 1933 年開業的六國飯店歷史悠久,也是五十年代英國作家旅居時完成
《蘇絲黃的世界》(*The World of Suzie Wong*) 小說的地方。經歷時間洗禮及
八十年代重建,成為今天灣仔的地標之一。

最有派頭的富豪，就會要求敍香園上門，提供喜慶筵席「到會」服務。例如羅德丞律師曾在他的深水灣大宅的大花園延開三席。敍香園飯店的大廚謝金，連同幾個廚房及樓面的夥計，帶上銀器餐具、象牙筷子、桌子、鍋、大型石油氣爐，直接在花園裏烹飪和上菜。這個晚上，飯店則由二廚和散工負責。其實這樣的安排，需要飯店做出很大的犧牲，因為這會勞師動眾，生意受到影響，是熟客再三要求才會答應的。這種形式的到會服務五六十年代較普遍。當時我家在大埔道鄰近，附近曾經也有一間，商號為「喜慶筵席專家」，包辦「到會」生意，但到七十年代已買少見少。

　　灣仔區的夜晚龍蛇混雜，黑白兩道會同時出現在酒樓，但他們各不相犯，都乖乖地用膳，不會惹事，算是尊重美味的食物。如果有人惹事，五舅父就會打電話給警司來吃飯，警司會派馬仔來，那麼那晚肯定不會有人惹事。有一晚，一個麻雀館少東在敍香園吃飯後，他半醉半醒之間，在洗手間旁的海鮮水缸裏小便，五舅父立刻叫警司來宵夜。沒多久，警司帶着幾個差館的雜差來，飯店外更亮起警車閃亮的警示燈。結果，麻雀館少東知難而退，say sorry（道歉）及賠償了水缸裏所有海鮮的價格。

　　每晚，我的五舅父都會在收舖前來店裏，將現金收起來，從銅鑼灣拿回跑馬地黃泥涌 81 號的家。本來路程很近，但有一晚，他到停車場取車時，被劫匪打破了頭，搶走了所有現金，此後他就改為每晚乘搭的士。每晚，店裏的伙計蘇哥都會送他上車，寫下的士車牌號，以防萬一。又有一次，五舅父上了的士，發現的士對面的門也有人上車，好像想搶劫，舅父馬上下了車，跑回酒樓，鎖上大門。

話説 1973 年，全球陷入石油危機，香港政府實行燈火管制，晚上十時半後，全部街燈都要關掉，街道上漆黑一片。深夜時分，店裏進來了一個陌生人，聲稱要打劫酒樓。部長蘇哥暗地通知收銀的司徒小姐，在後面的老闆囑咐蘇哥應酬着劫匪，司徒小姐立刻把當天已經結算的大部分現金不慌不忙地給了老闆，讓他偷偷地從後門離開。結果，劫匪只是拿走了少量現金。

　　1982 年，發生了一件不開心的小插曲，飯店的助理廚師梁漢生意外身亡，一時令飯店愁雲慘澹。4 月 26 日，生哥和一班「群生社飲食工會」成員一起參加一個旅行團，乘搭廣州往桂林的班機，不幸失事遇難，全機無人倖免，其中一位乘客正是無線的演員麥大成，最荒謬的是，麥大成剛買中了六合彩，請了一家人參加一個桂林旅行團，可惜天意弄人，全家人遭遇不測。其中他的岳父，也是群生社的成員之一。這件事令敍香園上下員工震驚及哀傷了一陣子，感受到人生無常的道理。

　　敍香園不僅深得本地人的喜愛，也征服了不少海外食客的胃口。海外的君子雜誌（Esquire）曾經採訪過敍香園，日本旅遊局也介紹過敍香園，來光顧的外國人亦不少。1984 年，*Newsweek* 選中敍香園這間做小菜的小店試吃，很是滿意，於是做了訪問。記者說，是著名好萊塢明星 Danny Kaye 介紹他來的。後來，食評人在雜誌中稱讚敍香園為「Best Cantonese Cuisine」，更用了兩位飯店廚師的照片做當期的封面。五舅父非常開心興奮，把附近報攤那一期的 Newsweek 都買光了，共有四十多本。報攤的小販更把雜誌的小海報也送給了這位大客仔。

◈ 1984 年 *Newsweek* 封面及內頁報道
敍香園。

　　1987 年，香港電台「獅子山下」的《煙火人間》曾在敍香園的
天台拍攝，總共拍了一個星期。夜晚，從敍香樓的天台往下看的駱
克道，霓虹亮透，特別璀璨，是一個很有地方色彩的外景場地。女
主角是張敏，這是她初試啼聲的處女作，當時她還沒拍過電影，她
的經理人向華勝太太希望張敏能在投身電影圈前，讓她拍電視劇吸
取拍戲的經驗。故事講述一個從內地來香港的新移民的遭遇，後來
做了歡場女子，她住在天台鐵皮屋，放眼樓下就是燦爛的霓虹燈。
劇組想借用天台作外景場地，雖然當時我已經離開了香港電台，但
因為和導演單慧珠相熟，順帶幫忙聯繫，安排張敏可以借用敍香園
的洗手間更換服裝，及飯店可以供應劇組電力，以便打燈。其後，
敍香園收劇組的費用也特別便宜。當時，我沒有正職，吊兒郎當，
常常替香港電台的劇集做配樂為生。在後期工作時，我還替這一集
的電視劇做了配樂工作。

　　銅鑼灣的敍香園飯店從經營之初到結業，生意一直很穩定，每
月都有盈利。直到 1987 年，可惜業主要求收回物業，重建為銅鑼
灣廣場第二期，又適逢五舅父打算移民，也到了結業的適當時候。

所謂「創業難，守業更難」，能夠屹立不倒，生存了二十五年實在不易。對我來說，銅鑼灣的敍香園飯店最能夠傳承外公始創的中環敍香園的小菜風格。食譜很簡單，用的是真材實料，味道保持雋永清新，套用桃姐的口頭禪，「保證食過返尋味」。

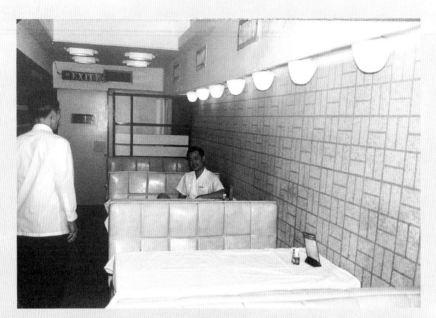

◇ 店中後廳可見有三張卡位，後方是到後門的通道。

◇ 店中前廳有四張卡位，袁昌叔（食材買手）旁放着的是連卡佛百貨公司購物袋。

◇ 廚房前方為後鑊部，後方為砧板部。

◇ 酒樓的洗碗處，員工身後右方是冰箱。

◈ 活海鮮的水缸分兩格，上格為游水魚，下　◈ 天井間，男廁在左邊，女廁在右邊，旁邊為
格為蝦、蟹、龍蝦等。　　　　　　　　　　海鮮水缸。

◈ 總廚王世堅（右一）及老闆（左一），後方為水吧和後門的通道。

◈　1987 年敍香園飯店結業時，留下照片紀念。

◈ 1969 年，敘香樓設在富都酒店（照片中央位置）的三樓，地下是永安百貨公司。右方在樂聲牌霓虹燈後是普慶戲院，現已改建為逸東酒店。當時油麻地彌敦道交通繁忙，車水馬龍。（照片由許日彤先生提供）

（3）敍香樓——油麻地
（1964 年–1970 年）

英文名：Orchid Blossom Restaurant

1964 年 4 月，銅鑼灣的敍香園飯店上了軌道後，四舅父及五舅父又在九龍油麻地增添了一間敍香樓，由立法局議員李福樹主持剪綵，吳楚帆、麥炳榮、張仲文、任劍輝、白雪仙等都有到場祝賀。敍香園位於油麻地富都酒店三樓，1994 年，富都酒店和永安百貨重建後，就是現今的永安百貨公司大廈的位置。富都酒店的老闆和六姨丈稔熟，得到六姨丈穿針引線，四舅父和五舅父跟他傾談幾次後，雙方便同意在此開設敍香樓。

◈ 1964 年，五舅父、五舅母（後排）、Roger 父母一家在敍香樓舉行林家晚宴。

◈ 1964 年油麻地敍香樓舉辦開張酒會，許多名人也到場祝賀，大家衣着時尚。

◈ 1964 年，開張酒會，陳蘭芳先生到場祝賀。

◈ 敍香樓開張酒會中，由立法局議員
李福樹主持剪綵儀式。

◈ 開張期間不少明星到場慶賀，在店舖門前紛紛留
下倩影。左二為女星張仲文。

◈ 油麻地敍香樓開張時星光熠熠，吸引一眾名人到場，其中包括：白雪仙、任劍輝、白燕和馮寶寶等，熱鬧非常。

◇ 開張時的明星留影，左一為麥炳榮，右一為吳楚帆。

據敍香樓的名片記錄，每日營業時間頗長：

西餐：上午七時至下午十時

粵菜：上午十一時至深夜二時

酒吧：上午十一時至深夜二時

下午茶座：下午二時半至下午六時

富都酒店有很多遊客（包括台灣人）入住，敍香樓除了招待酒樓食客外，同時也要服務酒店住客。每天早上七時就要供應早餐，在午飯和晚飯時段，也根據客人的需要供應粵式菜餚和限量的西餐。記得每年聖誕，敍香園都會推廣西式的聖誕大餐，有一年，我還陪五舅父到附近（彌敦道及柯士甸道交界）專賣歐美「來路」貨品的元光百貨（Evergreen Store）選購 party hats（派對小帽）及小禮物給小孩顧客。

　　為了迎合外國客人的元素，敍香樓也需要加上一個英文店名，五舅父一向偏愛蘭花，他在跑馬地寓所的天台興建了一個溫室花園，四季都種滿了來自不同國家的蘭花。敍香樓的英文名字就順理成章地被定為 Orchid Blossom Restaurant，銅鑼灣的敍香園飯店則被定為 Orchid Garden Restaurant。自此之後，兩間食店每張枱上都

有一朵新鮮蘭花作為擺設，招牌及名片都以紫色為主色。

敍香樓同時也有經營酒吧，由上午十一時至深夜二時時段，供應酒水給酒店住客及酒樓食客。食客一踏出電梯，左邊是敍香樓飯店，右邊就是酒吧，有一排高腳椅。這麼多間敍香樓食肆中，敍香樓的酒吧是最專業和有規模（full scale）的一間。其他的雖然也有提供酒水，但實在都是「水吧」。在敍香樓，客人可以坐在獨立的酒吧裏悠閒地和同行朋友或酒保聊天、喝酒，直到半夜二時。

說來似是很奇怪，1969 年的夏天，敍香樓的酒吧曾為我青春成長蓋上印鑑（coming-of-age rite），讓我從頭說起吧。

我的家人一向沒有喝酒的習慣，1968 那一年，我剛好到了喝酒合法年齡十八歲，就讓我第一次品嚐了啤酒。當年，我就讀拔萃男校 Form Lower Six（編按：中六），班主任周偉堂老師有一天安排了全班同學到深井的生力啤酒廠，參加一個別開生面的釀酒觀光團。翻查資料，原來 1968 年是生力啤酒首辦釀酒團，第一年曾有二千人參加，邀請男校學生去參觀也是商業上的一個聰明招數，因為他們都是未來的顧客（potential customers）。當然，同學們都很興奮，參觀完畢，每人都可以喝到一瓶冰凍的啤酒，這也是我第一次嚐到啤酒，雖然酒精成分不高，但一杯落肚，猶如鞋底貼了《飛天老爺車》的「萬能膠」，有了可以騰雲駕霧的奇妙感覺。

再說 1969 年的夏天，在我離港去美國讀大學之前，有一天，五舅父邀請我到敍香樓的酒吧跟鎏哥學習酒吧工作。鎏哥很有經驗，曾在告羅士打酒店的酒吧工作過七年。他的經驗包括如何巧妙

◇　1969 年，Roger 在敍香樓的酒吧學調酒，此經歷畢生難忘。

◈ 在 1960 年代，敍香樓是罕有地在酒店內設有的中菜館，在室內設計方面，
　也看到高雅的西式擺設。

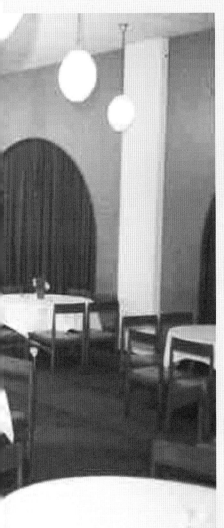

港九敘香園敘香樓
正宗粵菜一致推崇

以正宗粵菜馳譽港九之叙香園飯店及叙香樓酒家，調製獨到色香味俱絕一致，港九一致推崇。

叙香園飯店位於本港九龍洛克道四八一號，座位寬敞，備有冷氣，環境幽雅，巧手小菜及家鄉小菜，殘數道三五，別具一流設計，尤為別具風味。游香地酒家在九龍，寶都酒店三樓，地方寬廣，供應環境幽雅，午晚小菜及各款飯宵夜，尤為食緣及旅遊人士所稱消。

◇《華僑日報》，1968 年 10 月 15 日。

地對付醉漢，鎏哥能婉轉地停止繼續提供酒水服務，又不會得罪對方。五舅父說我應該開闊眼界，多學一門手藝，去了美國還能找到兼職，可以賺點零用錢，於是我開始在敍香樓當上了酒吧學徒，實習了一個月，每晚都有上班。

短短一個月內，鎏哥讓我品嚐了各種酒精的味道，了解它們的特性，及客人不同的喜愛。烈酒如白蘭地是東方人愛喝的，威士忌是外國人愛喝的。簡單的 mixed drinks（編按：調酒）例如 Martini、Manhattan、Gimlet、Tom Collins，通常給男顧客會點的，女顧客喜歡比較花巧的雞尾酒（Cocktail）則有 Margarita、Singapore Sling、Mai Tai 等。鎏哥還教曉我，不同的雞尾酒都有不同的材料，份量及做法，還有用不同的酒杯盛載，我都一一小心地記下來，五花八門，實在多姿多彩。

記得最難調校的是 Daiquiri 雞尾酒，材料要用朗姆酒（Rum）、青檸汁和糖漿，加冰塊，放入雪克杯（Shaker），向左邊脖子上空搖五秒，再向右邊脖子上空搖五秒（令我想起年幼時吃止咳藥水時，樽外有「搖勻服」的標貼），過濾倒出來要有白色的泡沫（Foam）才算合格。我發覺，除了雞尾酒外，還有紅酒、白酒、香檳，都是一種學問。多個晚上收工後，鎏哥都讓我隨意品嚐各種啤酒、紅酒、白酒、香檳，以便辨別上乘的牌子。

多個晚上，我都半醉而歸，在騰雲駕霧的狀態下回到家，桃姐聞到我滿身酒氣，笑着說「學還學，唔好學壞」，更不明白為什麼我每晚回來都要吃一片多士。經過一個夏天的酒吧洗禮，我沾沾自喜，很自豪自己已經是個成年人，而且是有品味的 wine connoisseur，有別於其他的學生，覺得自己（其實是錯覺）比其他人更有見識（sophisticated）。

一個月的訓練令我的酒量大增，鎏哥更給我幾個避免喝醉的「貼士」：

- 喝酒時先吃些東西，一片多士（麵包）也行；
- 不要同時混喝幾種不同種類的酒，例如一個晚上可以先後喝幾種紅酒，但不要同時混喝紅酒、白酒或香檳；
- 避免喝平價劣質的酒；
- 喝酒後也要吃點東西，一片多士也行，用來吸收胃內的酒精才睡覺。那麼「宿醉」（Hangover）的機率也會降低。

這個酒保的四大誡條跟了我一輩子，我可以很誇口地說，宿醉的次數不多，我也從未喝醉過，這也奠定了我「眾人皆醉我獨醒」的本領。

在 1970 及 1980 年代，在美國，一條街裏，街頭一間酒吧（bar），街尾又一間酒館（pub），有如現今的 coffee shop 那麼普遍，年輕人聚會都經常以喝酒為社交活動。我多個周末都不醉不歸，所以這本領十分有用。

想不到，我到了美國後，第一年（1970 年）的暑期工去了New Haven（耶魯大學所在的小鎮）經叔（李家的叔叔）的遠東餐館，我自薦在酒吧做酒保（bartender）的助手。原來學過的調酒學問，真的會派上用場。經叔也覺得奇怪，一個大學生怎麼會有這麼豐富的調酒知識。

◇　敍香樓入口

　　每晚在敍香樓的酒吧，都能看盡人間百態。有在酒店偷情的已婚男女，有寂寞的遊客，有酒後痛哭的江湖大哥，亦有失控狂笑的藝人。我的同學都很羨慕我經常有機會近距離接觸到電影明星及粵劇名伶，原因是六姨丈（敍香園的董事之一）和娛樂圈的人很熟悉，尤其是粵劇界和電影圈，他們一律都有 VIP 優惠，所以成了敍香園的常客。

　　1964 年 7 月，影壇八牡丹（余麗珍、鳳凰女、鄧碧雲、于素秋、羅艷卿、吳君麗、南紅、林鳳）結拜一周年，也是在敍香樓設宴慶祝。張活游、張英才、嘉玲、李香琴及四大導演珠璣、馮志剛、盧雨岐及李鐵也有來道賀，《華僑日報》曾報道「星光閃耀，衣香繽紛、極一時之盛」。

　　好景不常，1968 年，四舅父不幸在鵝頸橋大三元飯店吃午飯時，突然心臟病發，猝然離世。酒樓上下員工，一度震驚，心情沉

重。其後，五舅父獨自擔起大旗，四舅父的兩個兒子也分別在不同的年份參與敘香園的經營。

　　然而，酒樓的挫折也接踵而至。五舅父和富都酒店的老闆鬧得不太愉快，因為酒店太多規矩要遵守。其一是酒樓的中央空調由酒店提供，過了晚上九時後便停止供應冷氣，客人想留晚一點也不行。再者，敘香樓最主要是做粵菜，對西餐沒經驗，也不是主力，但因為要服務酒店客人，沒辦法也要供應西餐，也有遇到客人不滿意，投訴西餐不好吃。也因為敘香樓生意非常好，住客有時會被拒於門外，也發生過酒店住客喝醉酒鬧事的情況。五舅父一氣之下，便在 1970 年 8 月 31 日將敘香樓結業，在尖沙咀漢口道另起爐灶，敘香園酒樓便這樣誕生了。

　　雖然敘香樓後期和富都酒店的老闆不歡而散，但在這七年的過程裏，五舅父的視野擴大了不少，他學懂了招待外國客人及本地名人的技巧，也領會到豪華包裝的重要性。這些知識幫助了五舅父建立尖沙咀敘香園的優雅形象。

在我 1969 年去美國求學前，敘香樓還是光芒四射的。1973 年暑假回港時，鎏哥已跟隨太太及外父移居到巴拿馬，敘香園也悄悄地消失了，同時消失的除了美味的佳餚外，還有六十年代燈紅酒綠的浮華世界。難忘的是，一個十九歲的小子，如何學會了基本的調酒知識及領會到品嚐美酒的樂趣。這些知識和樂趣卻永遠不會消失，跟隨我一輩子。

◈ 影壇八牡丹在敘香樓結拜。(《華僑日報》，1964 年 7 月 28 日)

◈ 小朋友在敘香園迎賓牌前留影。

（4）敍香園酒樓 —— 尖沙咀
（1970 年 – 1989 年）

英文名：Orchid Garden Restaurant Limited

　　1970 年 8 月 31 日，油麻地敍香樓結業後，大部分員工班底都留了下來。同年 9 月 27 日，尖沙咀的敍香園酒樓啟業，周錫年爵士前來剪綵。到場祝賀的影星有任劍輝、白雪仙、汪玲（國聯五鳳成員）及邵氏的新紮影星虞慧及王金鳳（金翎）等。《星島日報》稱之為「盛況空前，賓主情緒備極歡洽」。

　　直至 1989 年 12 月，五舅父計劃一家人移民加拿大，幾經考慮後，結束了尖沙咀敍香園酒樓，總共經營了 19 年。

◈ 敍香園酒樓管理層人員與廚師們在尖沙咀分店合照。

敍香邨酒樓董事長兼總經理
敍香園酒樓董事兼總經理
敍香園飯店總經理

林啓光

電話：H七六三五一二號
住宅電話：H七六二五一二號
香港：灣仔洛克克道三四一一號七樓
電話：K六八二三一六—一—
九龍嘉：尖沙咀漢口道三十七號
香港：沙咀漢口道三十七號

◈ 《工商日報》，1970 年 9 月 26 日。

◈ 林啟光為 Roger 五舅父，身兼數職，既是銅鑼灣敍香園飯店總經理，也是尖沙咀敍香園酒樓董事兼總經理、灣仔敍香邨酒樓董事長兼總經理。當時卡片上印有住宅電話，非常傳統

光臨指導
（恕柬未遇）

周錫年爵士主持剪綵是日敬備酒會恭候

謹訂於公曆一九七零年九月廿六日（星期六）下午三時為本酒樓舉行開幕典禮敬請

敍香園酒樓有限公司
董事兼總經理林啟光
董事兼監督長林樹基
董事　陳滿堂　敬約

九龍尖沙咀漢口道三十七號地下、二、三樓
電話：K六七二一二六—九
營業部：K六八二一九七〇

酒會時間：下午三時至六時
翌日廿七星期日開始營業
每日上午八時至下午十二時

敍香樓酒家有限公司啟事

本號在九龍富都酒店三樓，營業多年，深荷社會賢達推崇眷愛。業務蒸蒸日上，衷心感謝！

本號於一九七零年八月卅一日經已遷出上址，結束營業，另於九龍尖沙咀漢口道37號地下、二及三樓，佔地約萬尺，自置舖位擴展業務。用敍香園酒樓有限公司名義經營，不日新張啟市，增設早午茗茶美點，仍本過去正宗粵菜調製獨到宗旨，不惜工本裝飾豪華，務使嘉賓舒適，美滿享受，謹此公告。

◇ 1970 年尖沙咀敍香園酒樓啟業時刊登在報紙的廣告。

◇ 1970 年啟業時在《華僑日報》刊登的啟事。

下篇　◆　敍香園的流金歲月　◆

五間敍香園之中，尖沙咀的敍香園酒樓和我的關係最深遠，也成為了我的舞台劇《不散的筵席》的主要場景。五舅父（以後簡稱為舅父）是我劇中的主要角色。首先讓我提及五舅父林啟光（又名林樹球）的一些年份資料：

　　1919 年香港出生；

　　1943 年從軍，曾參加海軍及陸軍兩部隊；

　　1946 年和平後，回到香港在中環敍香園任職為營業總經理；

　　1951 年成家立室，婚後育有六女一子；

　　1989 年尖沙咀敍香園酒樓結業；

　　1992 年離世，享年 74 歲。

　　舞台劇《不散的筵席》主要展現我和舅父的親情，亦見證着香港酒樓行業在不同年代的銳變。從我的角度來說，敍香園與我的故事可以分為兩部分，分別是七十年代和八十年代。

七十年代

　　一切要由 1973 年說起，那年我剛好二十三歲，快將大學畢業，趁暑假回香港一趟，本來爸爸安排我到華比銀行做行政見習生（management trainee），舅父知道我無心從商，便邀請我到尖沙咀敍香園飯店做暑期工，實習三個月，職位叫作練習生（又名 learner），其實是跟頭跟尾，邊學邊做。我很有興趣了解酒樓行業，

敍香園往事

110

◈ 五舅父穿上軍服。

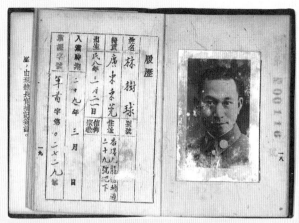

◈ 五舅父的軍人證件。

◈ 1951 年，五舅父結婚照，玉貴姑娘是伴娘，Roger 姐姐是花女。

下篇 ◆ 羑香園的流金歲月 ◆

◈ 1951 年，五舅父在循道教會婚禮時合照。Roger 由媽媽（後二排左三）手抱着。

◈ 1973 年，23 歲的 Roger 與五舅父、舅母等家人在美國三藩市留影。

所以便一口答應了，結果這些日子的經歷令我畢生難忘。讓我談談當年發生在我身上的事件，包括一些奇遇。

購買材料

在上班第一周的一個早上，舅父安排我跟着兩位老牌買手袁九叔（全名：袁耀祥）和袁昌叔，到上環街市採購食材，我學會了雞隻最佳是兩斤半，鴨是三斤，鵝是四斤。兩位買手的作風不一樣，袁九叔做事快手快腳，雞販也不敢怠慢，雞販一手拎着雞腳，將雞倒轉，以便袁九叔吹向雞的屁股部位，將雞毛吹開來，檢查屁股是否夠圓滑，過程不足半分鐘。袁昌叔則滋悠淡定地生擒一隻滑溜溜的田雞在手掌上檢查，實在是一種奇技。跟着再走到乾貨店，原來陳皮最好品質的是紅皮，不是青皮，要薄身，用燈照要有「窿」才是上品。這個街市世界是我以前從來沒有接觸過的，實在大開眼界。

考起師傅

工作期間，我有機會目睹舅父如何聘請「三鑊」師傅。「三鑊」通常是負責次等名貴的小菜。來應徵的是一位曾在英京酒樓工作多年的廚師。「考牌」有五味菜式：

（1）油泡斑球 —— 斑球上枱時要有光澤，魚身要翹起，炒完後要乾身。

（2）蠔油牛肉 —— 牛肉要嫩滑，不能過生或過熟，亦不能太鹹或有腥味。

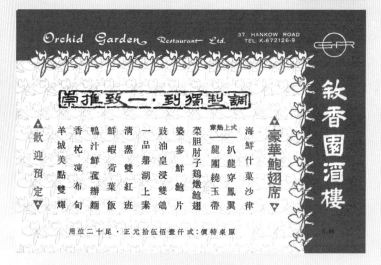

Roast & Cold Dishes 燒烤鹵味類

1.	Sliced Soyed Pig's Trotter	$16.00	佛山濤蹄
2.	Cold Meat Combination	26.00	什錦拼盤
3.	Roast Suckling Pig	20.00	明爐乳豬
4.	Roast Goose	16.00	德庄燒鵝
5.	Soyed Crisp Pig's Intestines	20.00	爽脆生腸
6.	Cold Steamed Chicken	16.00	白切肥雞
7.	Roast Spiced Duck (Half) current price 時價 (半隻)		燒琵琶鴨
8.	Soyed Chicken	16.00	葵花油雞
9.	Barbecue Duck	16.00	明爐燒鴨
10.	Roast Pork-Coin and Chicken Liver	18.00	鴛鴦金錢雞
11.	Soyed Giblet	16.00	鹵水珍肝
12.	Barbecue Pork	16.00	蜜味义燒
13.	Roasted Chicken Liver, Soft Style	16.00	軟化燒雞肝
14.	Barbecue Pork Rib	16.00	蜜味燒肉排
15.	Soyed Goose's Wing & Web	16.00	鹵鵝掌翼
16.	Dry Pig's Sausage	16.00	特製潤腸
17.	Dry Duck	24.00	南安油鴨

Rice 飯類

1.	Chicken Ball and Mushroom	$18.00	北菇雞球飯
2.	Chicken and Mushroom	14.00	北菇滑雞飯
3.	Saute Shredded Chicken	16.00	生炒雞絲飯
4.	Prawns Ball (White Sauce)	22.00	白汁蝦球飯
5.	Stewed Garoupa	24.00	蔚石斑球飯
6.	Soy Bean Chicken	14.00	羅定豆豉雞飯
7.	Spare Rib with Soyed Bean	12.00	豉汁排骨飯
8.	Shredded Pork	11.00	生炒肉絲飯
9.	Diced Pork & Cream Corn	11.00	栗米肉粒飯

Rice (Continued) 飯類

10.	Sliced Beef & Egg		$11.00	窩蛋牛肉飯
11.	Oyster Sauce Beef		10.00	蠔油牛肉飯
12.	Chinese Fillet Steak		16.00	煎封牛扒飯
13.	Beef Brisket & Special Soy		10.00	原汁牛腩飯
14.	Ham & Double Eggs		14.00	火腿雙蛋飯
15.	Sliced Fresh Water Fish		22.00	生魚片飯
16.	Fried Rice "Yang Chow Style"		9.00 每碗 / 16.00	牛肉揚州炒飯
17.	Fried Rice with Soup		16.00	上湯炒飯
18.	Stewed Rice with Soup		10.00	上湯會飯
19.	Sliced Fish		12.00	鮮鯪魚片飯
20.	Crab Meat in Soup		12.00	上湯蟹肉飯
21.	Frog with Vegetable		20.00	菜遠田雞飯
22.	Chop Suey		14.00	什錦八珍飯
23.	Barbecue Pork	(Per Bowl)	6.50	每碗明爐义燒飯
24.	Cold Steamed Chicken Rice	(Per Bowl)	7.00	每碗白切肥雞飯
25.	Soyed Chicken Rice	(Per Bowl)	7.00	每碗橘子油雞飯
26.	Soyed Giblet Rice	(Per Bowl)	8.50	每碗鹵水珍肝飯
27.	Roasted Goose Rice	(Per Bowl)	7.00	每碗燒皮德燒鵝飯
28.	Dry Pig's Sausage Rice	(Per Bowl)	7.00	每碗特製潤腸飯
29.	Dry Duck Rice	(Per Bowl)	12.00	每碗南安油鴨飯
30.	Steamed Rice	(Per Bowl)	1.20	每碗熱葡白飯

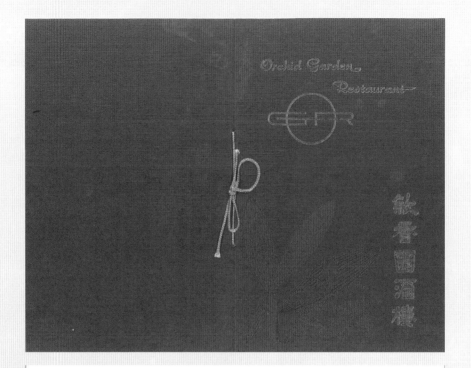

精美時菜

1	2	3	4	5	6	7	8	9	10	11
豉汁煎牛柳	果椒洋蔥田雞	鮮露筍百花片	竹笙百花片	芝蔴煎蝦餅	合桃鮮蝦仁	菜片鮮蝦裕	白灼牛肉時菜	蝦子干蔥牛肉	果椒洋蔥牛柳	豉汁煎牛柳
	48	45	50	88	42	46	55	22	22	30	26

SEASONAL SUGGESTION

1. FRIED FROG W/ BLACK PEPPER & ONION 48.00
2. FRIED FROG W/ BITTER SQUASH IN BLACK BEAN SAUCE . . .45.00
3. FRIED MINCED SHRIMP W/ ASPARAGUS 50.00
4. BRAISED VEGETABLE ROLLS W/ MINCED SHRIMP STUFFING . .88.00
5. PAN FRIED MINCED SHRIMP W/ SESAME SEED 42.00
6. FRIED SHRIMPS W/ WALNUT 46.00
7. FRIED MINCED SHRIMP W/ LETTUCE 55.00
8. BOILED SLICED BEEF W/ SEASONAL VEGETABLE 22.00
9. FRIED SLICED BEEF W/ GREEN ONION & SHRIMP SEED 22.00
10. FRIED SLICED BEEF STEAK W/ BLACK PAPPER & ONION 30.00
11. FILLET STEAK IN BLACK BEAN SAUCE 26.00

精美時菜

1	2	3	4	5	6	7	8	9	10	11
芝蔴手撕雞	豉油皇浸雞	脆皮燒乳鴿	金華四寶蔬	蚧肉鴛鴦蔬	梅肉鴛鴦茄	蝦子扒豆卜	脆皮炸釀節卜	豉油皇釀豆腐	雙菇蒸帶子	韭黃鮮蝦帶子
	60	45	48	38	32	22	35	26	26	80	48

SEASONAL SUGGESTION

1. SHREDDED CHICKEN W/ SESAME SEED (HALF) 60.00
2. BOILED CHICKEN IN SOYED SAUCE (HALF) 45.00
3. ROASTED PIGEON (WHOLE) 48.00
4. BRAISED ASSORTED VEGETABLE W/ HAM 38.00
5. MIXED VEGETABLE W/ CRAB MEAT 32.00
6. SPICED EGG PLANT POT 22.00
7. BRAISED SUMMER SQUASH W/ PORK STUFFING & SHRIMP SEED . .35.00
8. DEEP FRIED STUFFED BEAN CURD 26.00
9. STEAMED STUFFED BEAN CURD IN SOYED SAUCE 26.00
10. DEEP FRIED FRESH SCALLOPS 80.00
11. FRIED SCALLOPS W/ MUSHROOM & CHIVES 48.00

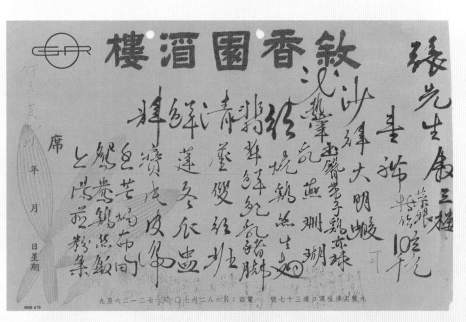

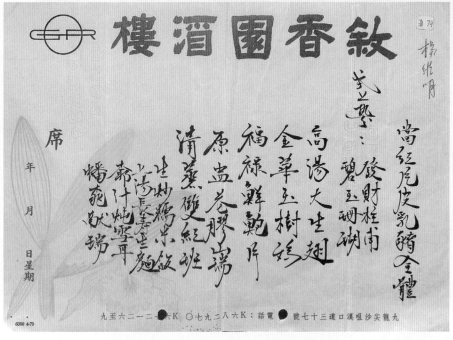

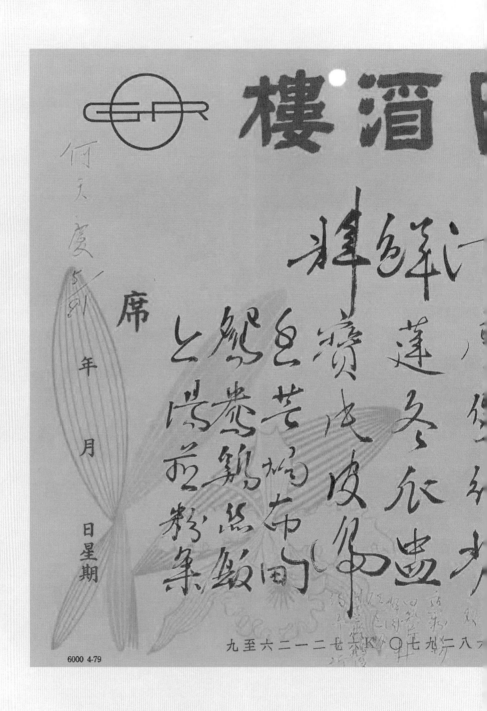

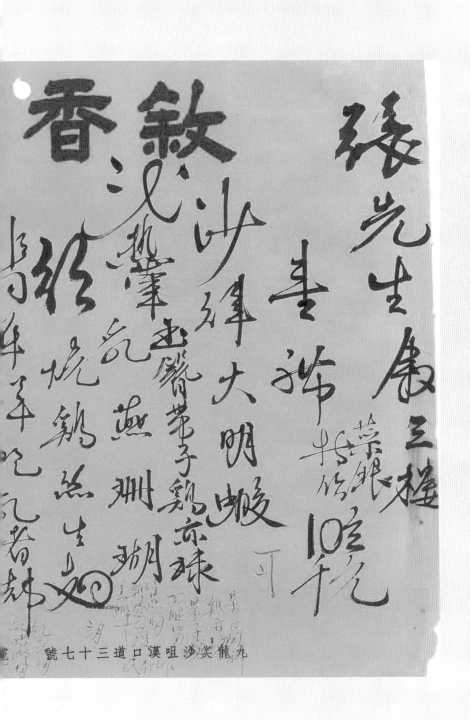

張先生臺三樓

香敍沈

敍沙鮮大明蝦

粉銀10晚元可

九龍笑沙咀漢口道三十七號

◈ 1985 年尖沙咀敍香園三樓後廳，後面走廊可以通到貴賓室。

（3）咕嚕肉——要同時嚐到甜、酸、鹹三種味道，亦要均勻，咕嚕肉要「掛汁」但不能浸住碟底。

（4）乾炒牛河——試到廚師的「火候」技術。牛肉要用猛火炒，柔嫩適中，河粉不能黐底，也不能太油膩。

（5）沙炒杏仁——用細沙炒杏仁，可以試出廚師對溫度的控制。溫度太高，杏仁會燒焦；溫度太低，炒不熟杏仁。炒完後，廚師還要細心篩掉細沙才完工。

應徵的師傅滿頭大汗，手忙腳亂，然而正鑊、二鑊和舅父試味後，均搖搖頭，各人的結論是未能合格。原來一碟菜背後涉及的技術可以是那麼深奧。

遊客、貴賓及李小龍

八十年代日本經濟起飛，來香港旅行的日本旅行團絡繹不絕，其中有很多日本人是第一次出國旅行，尤其興奮。如果和近年內地自由行遊客的消費能力比較，日本遊客有過之而無不及。他們會採購一大批紀念品回國，在酒樓也會專挑最名貴的菜式。敍香園曾被許多日本雜誌報道，也因此吸引了大量日本客人。我姐夫的父親經營的「美華旅行社」，帶着一個接一個日本旅行團到敍香園，食客們都對這裏的食物讚不絕口。他們喜歡先喝啤酒，同時品嚐白灼蝦做前菜，然後喝一口梳打水加青檸，再生吃半條西芹來清理味蕾（clear the palate）才吃主菜，很像法國人在吃前菜及主菜之間吃雪葩（sorbet）的習慣。

敍香園的貴賓多不勝數：邵逸夫和方逸華，李菁和九巴老闆雷國坤，還有鄒文懷、成龍、鄧麗君、許冠傑、鍾楚紅、黃霑、俞琤、何莉莉、鍾情等。外國影星有占士高賓（James Coburn）、丹尼基（Danny Kaye）、羅渣摩亞（Roger Moore）等。

其中有一位富豪貴賓，有一晚和小三正在三樓享用美食，誰知富豪的太太得到司機的線報，趕到酒樓來𢱑檔，在門口的知客很機警地用對講機「通水」給三樓的部長，富豪及小三立刻放下筷子，富豪放下鈔票後，由部長協助從後門很狼狽地作大逃亡。臨走時，富豪給了部長及知客每人各一百元，作為獎勵他們的「醒目費」。富豪太太卻撲了個空，失望地離開酒樓。

另外有一天，一群渾身珠光寶氣的上海籍闊太來午膳，她們為了排場，點了很多菜，卻吃剩了滿枱餸菜。埋單時，其中兩位太太爭着付錢，乍一看以為她們在打架，戰場由餐枱轉移到樓梯口的收銀處，兩人還是互不相讓，身體碰撞期間，兩人抱着一起滾下樓梯，慘叫起來。幸好副部長迅速地拉着她們的手臂，另外一位經理跑上樓梯承托着她們頗大份的身軀，及時防止了一宗意外。

最難忘的賓客一定是李小龍，聽說他第一次去的是銅鑼灣敍香園飯店，是由粵劇班主鄭中樞帶着去的。那次他吃過佛山燻蹄後，之後就經常來尖沙咀的敍香園。我第一次見到李小龍是和女演員丁珮一起來的。丁珮小姐非常殷勤地給李小龍夾餸，他倆關係狀似密友。另外一次李小龍是和占士高賓一起來的，當時占士高賓住在附近的半島酒店，他們倆喝着紹興酒，點了燻蹄和燒鵝。李小龍告訴占士高賓，他吃了佛山燻蹄，就要展示佛山無影腳。於是他借走了

◈（由上至下）二樓收銀處、連接二樓與地下的樓梯、二樓食堂。

◇ 《星島旅遊》雜誌分別在 1984 年 8 月
和 1987 年 4 月報道過敍香園酒樓。

侍應的木托盤，一腳將其踢上了一層樓，占士高賓在上一層樓梯口接住，眾食客看着，目瞪口呆，拍案叫絕。

怎知道一星期之後，舅父接到一個食客的電話，説出李小龍的死訊，眾人都很震驚，不敢置信。於是我打電話給報館的朋友確認，但一直都打不通，因為全香港的電話系統都因為這件事而一片混亂。直到終於打通了，確認了真有其事。所有的員工都停下手中的工作，食客也議論紛紛，停了筷子，所有人都在談論這件事。那一瞬間，彷彿整個香港都停頓了。第二天早上，敍香園外排起了長龍，大多數是日本遊客。稍後旅行社打電話來我們才知道，因為日本旅遊協會發出消息，説李小龍生前練完功夫，最喜歡吃敍香園的佛山燻蹄和燒鵝做宵夜，很多人因此慕名而來。舅父立馬讓營業部設計了餐單「小龍佛山套餐」，只供應堂食，不可供應外賣。隨後那幾個星期敍香園的生意也特別好起來。

占士邦

另外也有一個小小的趣事。1973 年，占士邦（007）系列的電影《鐵金剛大戰金槍客》（The Man with the Golden Gun）曾在香港取景，由羅渣摩亞（Roger Moore）主演。劇組深夜在尖沙咀漢口道拍攝飛車場景時，撞壞了敍香園的鐵閘。第二天一早，我和其他酒樓員工開舖時，留意到凹陷的鐵閘上的紙條，是劇組留下的，讓我們聯絡他們。經過磋商後，劇組同意賠錢給敍香園用來修理鐵閘。據酒樓伙計説，電影在香港上映時，電影公司還寄了二十多張戲票來酒樓，以示歉意。

◈ 白雪仙與任劍輝。

◈ （左起）金鳳、虞慧、汪玲及 Roger 六姨丈（即敍香園的董事之一）。

敘香園酒樓開幕　周錫年主持剪綵

（港訊）闢個新年，鄧蔭泉宗榮樂業，於尖沙咀中心區漆口道之敘香園酒樓有限公司，位於九於昨（二十六）日下午三時舉行開幕典禮，周錫年爵士主持剪綵，蒞臨觀禮之官紳名流，僑園領袖暨工商鉅子等共千餘人。

時周僑式園紹，由熱誠籌備小姐司儀，首由臨賀完園區宅奠，深表謝忱。繼後由蔭泉事長林樹基致謝詞，詞畢，由總經理林啟光之女公子鍧玲小妹妹向周爵士獻花，即告禮成，隨舉行酒會欵賓，極經微治。

理林啟光之女公子謝珞極其營備成，隨舉行酒會，盛況空前，賓主俱歡洽，至大會當始告終。

該酒樓由蔭泉事長林樹基發餘似錦，蒞臨觀體之官綵畢眾業前程似錦，經理林啟光，並經理蓮潔認師合廠。

敘香園酒樓開幕　周錫年爵士剪綵

龍尖沙咀中心區漆口道之敘香園酒樓有限公司，位於九於昨日下午三時舉行開幕典禮，山周錫年爵士主持剪綵，蒞臨觀體之官紳名流，僑園領袖暨工商鉅子等共千餘人。

儀式中，首由臨督詞畢，由總經理林啟光之女公子鍧玲小妹妹向周爵士獻花，隨舉行酒會欵賓，倘經微治。

年爵士主持剪綵。周爵士，隨舉行酒會欵賓，陳滿堂獻勁，繇山周錫士在致詞中，對敍酒樓主事人備致讚揚，預祝

◆ 1970 年 9 月 20 日，《華僑日報》與《工商晚報》分別曾報道，當年尖沙咀敘香園酒樓由周錫年爵士主持剪綵。

下　篇　◆　敘香園的流金歲月

◆

◈ 周錫年爵士到達酒樓。

◈ 周錫年爵士與夫人在酒樓門口。

貪污

當時廉政公署還未成立，酒樓時常有政府人員來檢查，其實是製造了貪污的機會，我曾目睹過兩宗事件。

- 衛生幫辦：除了挑剔廚房及樓面的衛生情況外，還會檢查員工針紙，包括腸熱和霍亂，作為 learner 的我也不例外，要打齊針。檢查後，幫辦及助手在酒樓用膳，點了些名貴的菜式，當然暗地裏不用付錢。

- 消防幫辦：除了屢次檢查廚房爐頭外，還檢查問題最多的油渣箱。最後，幫辦介紹了他的舅仔來做消防顧問。雖然那人並沒有做任何實質的改善工作，但之後的檢查便路路暢通了。

字畫

有一天，一位熟客送了一幅字畫給舅父，他是中文大學的潘教授。我看着那幅字畫大為迷惑，不明白它的意思。這一點也不奇怪，因為我中文只讀到中一，中二後便順着爸爸的意思轉讀法文。字畫是七字詩句，有些字我不認識，整句的意思更是看不明白。我嘗試着讀：

意聖傾味錯譙斂

夢含觴調山今香

春醒如歡珍宵園

韶酒醉咲百海裏

我只覺得每一行的最後一個字若是連起來，便是「敍香園裏」，至於意思，卻是怎麼也看不明白。結果舅父來解開謎團，原來詩句應該是從右往左，自上而下讀的：

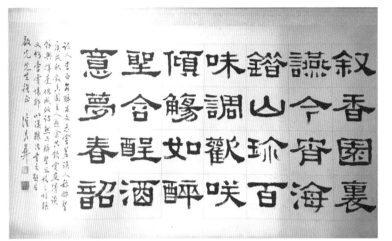

敍香園裏讌今宵

海錯（錯）山琜（珍）百味調

歡咲（笑）傾觴如醉聖

合醒酒意夢春韶

　　這個大烏龍成了員工之間的笑話，從此之後我便被起了個「鬼仔」的花名。

酒吧

　　之前提過，我赴美前曾在油麻地敍香樓學習過酒吧工作，但這一次，酒吧的工作反而不是重點。一來，尖沙咀敍香園的酒吧設計不是那麼正統，其實是一個有酒水供應的水吧；二來，以前在油麻地敍香樓的專業酒保鑾哥已移民去了巴拿馬；酒樓的食客也有改變，外國的遊客少了，本地客反而多了。本地的客人喜歡來一瓶烈酒（例如白蘭地）和朋友分享，雞尾酒的調酒工作沒有以前那麼繁忙。

桃姐

　　説起來，桃姐也和敍香園酒樓有着密切關係，那麼多年來，我的媽媽從舅父得到酒樓菜譜的家傳秘方後，都會口述給桃姐聽。桃姐年幼時沒有機會唸書，不善閱讀文字，但她的記憶力很厲害，每樣菜式的材料、份量及煮法都入了腦。她也好像變身為酒樓的廚師，難怪她的廚藝那麼受眾親戚朋友的讚賞。「鹵水牛腩」便是其中的招牌菜式，桃姐對煮法有問題時，都會打電話問舅父，舅父不清楚時也會讓酒樓的廚師解釋。漸漸地，桃姐和廚師們都互相認識了，更切磋烹飪心得。

　　當敍香園酒樓結業時，舅父通知桃姐到酒樓拿走多年熬製的鹵水汁，讓她在我家煮食時用。自此之後，桃姐的鹵水牛腩在各親戚朋友的圈子便更加馳名。

酒樓資源及運作

　　在這期間，本身在大學讀會計的我也觀察到一些酒樓運營、財務及人力資源的資料。

▣ 酒樓生意額

讓我先詳述敍香園酒樓各樓層的客人分佈：

　　地下一層有六張小枱，每枱可以坐六個人，最裏面的枱有些分隔，可以讓一些需要私隱的客人坐，包括一些電影明星。門口有一個燒味檔，有一個魚池盛放海鮮。

◇ 尖沙咀敘香園酒樓的酒吧，供應汽水、啤酒、中西烈酒及雞尾酒。

◇ 1975 年，Roger 與桃姐和媽媽在澳門遊玩。

二樓可以放置十張小枱或六張大枱,二樓有水吧,後面的廚房是全酒樓的心臟,還有在天井旁放置的巨型燒臘爐,也是酒樓的靈魂。在繁忙時段,這裏猶如一個戰場。

三樓比二樓大,可以容納十六張大枱,有一間貴賓室,裏面可以擺一張大枱和一張小枱。

如果把二樓和三樓都用上,可以擺二十二圍酒席,二樓六圍,三樓十六圍。全酒樓滿座的話,可招待大概二百六十人。在我做暑期工期間,也是酒樓生意的高峰時期,到周末假期,一個晚上可以做四轉枱,即有一千位以上的顧客生意,一晚的生意額可達二十萬元。據說,母親節更厲害,曾經有六轉枱的紀錄,廚房及樓面立刻擺起一個作戰的狀態。

▣ 員工收入及付出

當時每個員工,從廚房、樓面到寫字樓,都能分享到客人獎賞的小賬,以員工的職位來定下百分比,職位愈高愈豐厚,所以各人都不介意辛苦一點,所謂多勞多得。一個員工分到的小賬可以是月薪的一倍甚至兩倍。據說,那裏的一個清潔工的收入比一個警察或文員還要高。

敍香園的員工從未懈怠地付出了努力。為了跟上這股潮流,他們也加緊學習的步伐,在工餘時間自費學習日語、英語,以便招待來自各國的顧客。有一位在燒臘部門的員工阿 Ken 每天早上八點到九點在「導正」上日語課,九點到十點上「劍橋」英語課(據聞歌星張德蘭也是當時的學生),之後便到酒樓開工,一直工作到凌晨十二

◈ 1980 年，敍香園酒樓的新年佈置，每圍枱都放置了
鮮花瓶點綴，充滿喜慶之感。

◈ 敍香園酒樓三樓。

◈ 敍香園酒樓二樓。

◈ 敍香園酒樓一樓。

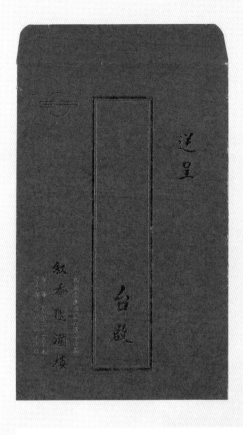

敍香園酒樓
Orchid Garden Restaurant

怡號(　　)

精美小食 AFTERNOON SNACK

家鄉魚蓉米 每碟(　　) $ 12.00
Fried Vermicelli W / Assorted Meat & Fish

豉椒牛肉河 每碟(　　) 12.00
Fried Rice Noodles W / Beef & Green Peppers

羌葱捞水餃 每碟(　　) 12.00
Shrimp Dumpling W / Ginger & Green Onion

韭黃豉油皇炒麵 每碟(　　) 12.00
銀芽
Fried Noodles W / Chive & Bean Sprout

脆皮燒鵝瀨粉 每碗(　　) 8.00
Roasted Goose W / Rice Noodles

叉燒湯生麵 每碗(　　) 8.00
Barbecue Pork W / Noodles

柱侯牛腩麵 每碗(　　) 8.00
Beef Brisket W / Noodles

上湯水餃麵 每碗(　　) 8.00
Shrimp Dumpling W / Soup

荔灣艇仔粥 每碗(　　) 10.00
Sampan Congee

生滾魚雲粥 每碗(　　) 10.00
Fish Head Congee

入單時間(　　)

鹹點 DIM SUM

上湯煎粉菓 每碟(　　) $ 7.00
Pan Fried Dumplings & Superier Soup

淮山滑鷄扎 每碟(　　) 6.00
Chicken & Ham Rolls

鮮竹牛肉球 每碟(　　) 4.50
Steamed Minced Beef Ball

豉汁蒸鳳爪 每碟(　　) 4.50
Steamed Chicken Feet W / Black Bean Sauce

蠔油叉燒飽 每碟(　　) 4.50
Steamed Barbecued Pork Bun (Cha Siu Bau)

豉汁蒸肉排 每碟(　　) 4.50
Steamed Spare-Rib W / Black Bean Sauce

筍尖鮮蝦餃 每碟(　　) 4.50
Shrimp Dumplings (Ha Kau)

蟹黃蝦燒賣 每碟(　　) 4.50
Pork Dumplings (Shiu Mai)

蠔油鮮竹餶 每碟(　　) 4.50
Bean Curd Skin Rolls W / Oyster Sauce

鷄粒荔芋角 每碟(　　) 4.50
Deep-Fried Taro Rolls

家鄉咸水角 每碟(　　) 4.50
Deep-Fried Dumplings (Country Style)

鷄絲炸春饌 每碟(　　) 4.50
Spring Rolls (Chun Kuen)

甜點 DESSERT

椰汁嫩鮮奶 每碟(　　) $ 7.00
Doubled-Boiled Fresh milk

生磨杏仁茶 每碟(　　) 7.00
Almond Cream

湘蓮紅豆沙 每碟(　　) 7.00
Sweet Red-Bean Soup with Lotus Seed

什菓凍豆腐 每碟(　　) 7.00
Mixed Fruits with Sweet Bean-Curd (Cold)

椰汁凍軟糕 每碟(　　) 4.50
Coconut Juice Cake (Cold)

蛋黃蓮蓉飽 每碟(　　) 4.50
Mashed Lotus Seed Bun

蛋黃蔴蓉飽 每碟(　　) 4.50
Mashed Sesame Bun

鷄油馬拉糕 每碟(　　) 4.50
Steam Brown Pudding

蛋黃千層糕 每碟(　　) 4.50
Stuffed Pudding W / Egg Yolk

◈ 敍香園新年佈置，1980 年。

叙香邨酒樓有限公司職工假期協議書

本協議書由叙香邨酒樓(僱主)及其僱員訂立。根據香港政府勞工處歷次頒行僱傭條例所規定之休息日，法定假日及有薪年假，雙方同意每月份休息天數及以薪代假天數分配如下：

月　份	休息天數	以薪代假天數	註　　明
一月份	三　天	兩　天	元旦日一天　休息日四天
二月份	五　天	兩　天	①農曆初一、初二、初三共三天。　另休息日四天 ②上述假期編定在大除夕、年初一、初二至初三全體休息共四天。其餘一天由主管編排。
三月份	三　天	兩　天	休息日五天
四月份	三　天	兩　天	清明節一天　休息日四天
五月份	三　天	兩　天	端午節一天　休息日四天
六月份	三　天	兩　天	休息日五天
七月份	三　天	兩　天	浮動假日一天　休息日四天
八月份	三　天	兩　天	中秋節一天　休息日四天
九月份	三　天	兩　天	休息日五天
十月份	三　天	兩　天	重陽節一天　休息日四天
十一月份	四　天	兩　天	休息日五天　浮動假日一天
十二月份	三　天	兩　天	聖誕節一天　休息日四天

註：①受僱滿一年之員工得享有法定年假七天，可七天連續放，或分四天連續放，餘額可分三天連續或分日放。

②年假由各部門主管編配，由公司於十四天前通知其所指定年假日期。

③如農曆年假不在式月份內則與壹月或叁月份對調。

④有關每月之休息日，雙方同意僱員在休息日工作，僱主補薪代替休息日假期。

每　月　底　薪　　$

佣金份數(　　)每月約 $

賞金份數(　　)每月約 $

津　　　貼每月約 $ ＿＿＿＿＿＿

每　月　收　入　約 $ ＿＿＿＿＿＿

休息日工作，補償工金每天 $　　　每月天　　共 $

註：（1）工作足一個月則有一個月底薪之年賞，每年於農曆新年發給，但要工作至農曆新年才可享有。如中途自動辭職，或受公司解僱，均不能享有此年賞利益。

（2）每年均無雙薪，花紅或炮金等發給。

本人同意接受上述各項協議，並願意為　貴公司忠誠服務。

僱員簽署：　　　　　　　　　僱主簽署：(或其代表)

＿＿＿＿＿＿＿＿＿　　　　　＿＿＿＿＿＿＿＿＿

部　　門：　　　　　　　　　職工姓名：

到職日期：一九　　年　　月　　日

離職日期：一九　　年　　月　　日 人事部：

◇ 從昔日的假期員工協議書中，可窺見敘香園酒樓公司的規模與員工福利。

點，十分刻苦耐勞。從他們身上，可以看到一個時代的香港人不斷自我增值的意志及艱苦奮鬥的精神。難怪香港在七十年代經濟增長的速度遠超其他東南亞國家和地區，躍升為國際金融中心的首位。

▣ 酒樓職員架構

酒樓職員可以分為三大部門：（1）廚房、（2）樓面及（3）寫字樓。

（1）廚房：約 40 人

- 總廚（1 人）：廚房人事，食物品質管制（Quality Control）
- 不貼式（1 人）：短期頂班（頂病假居多），百搭工種
- 年假不貼式（1 人）：長期頂班，百搭工種

A. 後鑊科（武科）

- 頭鑊（1 人）：落採購單；炒最名貴食材（如：魚翅燕窩）、酒席料理
- 二鑊（1 人）：炒次名貴的食材；沒有酒席時的主廚
- 三鑊（1 人）：炒再次名貴的食材（如：小菜）
- 四鑊（1 人）：炒再低檔的食材（如：炒粉麵）
- 正上什（1 人）：蒸燉扣炆較名貴食材
- 副上什（1 人）：蒸燉扣炆較低檔食材
- 正打荷（1 人）：分配較名貴食材，交給後鑊科處理
- 副打荷（1 人）：分配較低檔食材，交給後鑊科處理
- 廚雜（2 人）：將烹飪完成的餸菜送至班地厘
- 伙頭（1 人）：負責員工伙食；煲仔菜、煉豬油
- 幫伙頭（1 人）：伙頭助手

B. 砧板科（文科）

- 正砧板（1 人）：處理名貴食材（如：片皮鴨），將落單食材
  分配至二及三砧板處理

- 二砧板（1 人）：處理次名貴食材

- 三砧板（1 人）：處理再次名貴食材

- 四砧板（1 人）：處理較低檔食材（如：薑、蔥）

- 水枱（1 人）：處理海鮮和河鮮（如：魚、蛇）

- 廚什（4 人）：打雜、洗菜

- 洗碗（3 人）：清潔碗碟餐具

- 正收貨（1 人）：上午點貨查貨（數目和質量）、下午炮
  製粥底

- 副收貨（1 人）：上午幫助查貨、下午滾粥

C. 燒臘部

- 師傅（1 人）：負責叉燒、乳豬、燒雞、燒鴨、燒鵝、燒排
  骨（炭燒）

- 助手（另名油雞仔）（1 人）：幫師傅處理食材，斬切燒味，
  預備上碟

- 練習生（另名 Learner）（1 人）：將上了碟的燒味送至班地厘

D. 點心部

- 主管（1 人）：點心品質管制

- 大按（1 人）：蝦餃、燒賣

- 小按（1 人）：甜品

- 撈餡（1 人）：預備餡料

- 按辦（1 人）：預備酥皮、飽皮
- 蒸籠（1 人）：蒸煮點心
- 煎炸（1 人）：煎炸點心
- 腸粉（1 人）
- 糖水（1 人）：夜班

E. 採購部
- 正買手（1 人）：早上到市場採購雞、鴨、魚、肉及蔬菜，下午檢貨
- 副買手（1 人）：協助正買手
- 貨倉（1 人）：管理乾貨、罐頭、鮑魚、冬菇、調味料等

（2）樓面：約 40 人
- 經理（1 人）

A. 廳面部
- 副經理（1 人）
- 主任（3 人）：可能懂日文
- 部長（5 人）：其中一人負責酒吧
- 副部長（4 人）：協助部長
- 侍應（18 人）：其中一人為水吧助手，負責送切好的水果到客枱
- 練習生（4 人）：又稱 Learner
- 知客（1 人）：在酒樓門口招呼客人
- 水電師傅（2 人）：正副各一人
- 漁王（1 人）：負責酒樓魚缸內的活生海鮮，以便供應客人

- 班地厘（1 人）：名稱來自 pantry，負責確保出菜流程順暢

B. 營業部（2-3 人）
- 正營業部長（1 人）：與大廚設計酒席菜單、材料、斤兩、計算成本等
- 副營業部長（2 人）：設計食堂客人菜單

C. 水吧
- 部長（1 人）：廳面部五個部長之一，負責酒水供應和調酒
- 助手（1 人）：到水果店取水果，切水果，遞酒

D. 收銀（7 人）：三個收銀員分日夜更，一人後備，空閒時也接聽電話

E. 接線生（2 人）：日更，夜更

(3) 寫字樓：3 人
- 老闆 / 總經理（1 人）：舅父
- 會計 / 人事部主任（1 人）
- 出納（1 人）

一碟餸菜的誕生

在我做暑期工的三個月裏，領悟到一味餸菜從落單到食物送上枱面的過程，其實毫不簡單。

客人入座後，侍應生先放下豉油、芥辣、小食及茶水。部長負責落單，如果客人人數是六人以下，他首先會問客人有沒有什麼喜

敘香園酒樓有限公司

待應員應守的規則

（一）員工應注意容貌整潔，頭髮不得留長，制服要清潔整齊，要掛着公司襟章，及穿着黑皮鞋。

（二）在當值站立時，不得俯手插於褲袋裏，或把身體倚背着牆壁，門旁或把手扶着枱面或持背，顯出沒精打采的樣子。

（三）當值守崗位，不得喧嘩談笑或三五成群交頭接耳，不得在顧客面前講粗言穢語。

（四）員工須熟讀本公司菜譜名稱及價目，每期的特別介紹小菜及本酒樓著名的各款菜式，每期例湯，之名要，以便介紹給顧客。

（五）要留意枱面上之銀器、瓷器、枱布及烟友盅，要時常保持清潔。

（六）當值如客自己崗位人家選的菜式，是否太慢或太快，如程序錯亂，即刻通知出品部及食物時間品部聯絡，從速改善。

（七）要注意顧客在座枱上清潔，要勤換骨碟，當顧客用膳完畢後應清理枱面，派如中及奉上熱茶。

（八）客人結賬時，不論小眼多少，應說聲多謝，不得因小眼過少而面露不悅之色。

（九）不論在任何環境下，對顧客不能有蔑視和批評，怕麻煩或對招呼上有怠慢的行為，免令客人不滿。

（十）員工與顧客之間容或感情甚篤，但當值時，仍需勿忘本身職責，故在言談舉止，應保持着距離。

（十一）員工在當值時間內，如無必要，應減少通電話，有要事，亦應三言兩語，從速談妥，同時遇有親友到來，以免影響工作。

（十二）為免枯坐太多而影響生意，凡人客定枱必須透過部長，由部長安排妥善。

（十三）員工請假須先向部長取假表壹份，預早一天填妥，交業務經理或總管簽名批准後，但星期日及公眾假期一律不准請假，如遇到早退亦需由部長核准方可，否則作曠職論。

（十四）對於公司的規律行政，工作調動要絕對遵守服從。

◈ 從敘香園酒樓結業後所留下的物件，其中一份是員工守則。圖片所示，那個年代對侍應員的要求也不低。

姓名	職位	工薪	職務
麥蘇	副部長 (B)	方860 實佣金一份	主理醃製腰潤，日間輔助砧板料，晚間助理後鑊料。並每日点報海鮮及一切貨物存量，並員責晚間寫單採瓜菜及海鮮等貨物。
陳強	正砧板 員責砧板料一切專務及斤兩等	方850 1現建議由三月一日起，由上述職位工薪加入塊迷職後即天折扣 實佣金一份	主理砧板料一切專務、斤兩、看單購質，醃製虾球、虾仁；並員責教炸奶脆漿粉，下午寫瓜菜單。現建議於三月一日起，是項職務員責全日間有瓜菜、海鮮、肉食及一切營業貨物等之採購工作。（即改任副部長B）
梁北	砧板後鑊科助理員（由三月一日起代替原有之首項職務）	方780 實佣金一份	主理醃製腰潤，日間輔助砧板料，晚間六時後助理後鑊料。（即除寫單購質外，其工作代替原有之首項職務）另每日点報海鮮及一切貨物存量。

◈ 從一份手寫的員工職務表格，清晰示見員工薪金及職務範圍。

敘香園往事

歡的菜式或要避免的食材。部長會親自根據客人要求介紹近期時令菜式及落單。

如果客人人數是六人或以上，部長就會提議讓營業部根據客人喜好寫一張菜單，向客人介紹當天有什麼好菜式，客人也可以說明心目中的預算，以便營業部設計菜單。寫好之後，客人可要求改動，例如有些客人不吃牛肉，便改為豬肉或雞肉。部長和客人雙方確認菜單後，部長正式落單。

菜單一式三份，正本送至收銀台，兩張副本送至班地厘。班地厘有兩份底單，一份自用做記錄，另一份則根據菜式內容送去三大部門：廚房、燒味和點心部門。

- 廚房：當班地厘如果看到廚房菜單（包括小菜和名菜），就會分配菜單到廚房部砧板部門的正砧板，或是交由漁王處理。

◈ 當時敘香園酒樓著名菜式：迷你黃瓜盅、珍寶焗蟹蓋、
化皮乳豬。

◈ 敘香園酒樓收據，從中可窺探當時的物價與消費。

- **砧板部**：正砧板收到菜單後，自己處理名貴食材，餘下會給二砧板、三砧板或四砧板。食材準備好後，由砧板部送至打荷部門。

- **漁王**：如果菜單有活海鮮或河鮮，班地厘便會分配給漁王。漁王挑選海鮮後，會送去廚房的水枱，去魚鱗或斬件，再送去打荷部門。

- **打荷**：做記錄後，負責將斬好的食材送至頭鑊。

- **頭鑊**：抽起由他處理的名貴食材，核實後將其他食材分配給二鑊、三鑊或四鑊，由他們上鑊。

- **後鑊**：完成烹飪食材後，將餸菜送至打荷，他記錄好後，再由廚雜送至班地厘。班地厘記錄後，由侍應送去客人枱旁，再由副部長上菜。

總括來說，由部長落單開始，經班地厘，正砧板，二 / 三 / 四砧板（或漁王再經水枱），打荷，頭鑊，二 / 三 / 四鑊，再送回打

荷，廚雜，然後回到班地厘，經侍應及副部長送到客人枱上，共經過十多個酒樓員工的處理。

追單：

若是客人覺得餸菜上得遲了，便由部長負責追單。部長追班地厘，班地厘追打荷，再從砧板部追到後鑊部，看看哪個部門有漏單的情況。

A. 燒臘

如果班地厘看到菜單有燒味，例如叉燒、乳豬、燒雞、鴨、鵝、排骨等，他就會把一份菜單直接送去油雞檔（燒臘企檔），由燒臘部助手（油雞仔）斬件及上碟，再由練習生送至班地厘，然後由侍應送到客人枱。油雞檔助手及廚房的燒臘師傅需要保持密切聯絡，務求有足夠燒味供給食客和外賣客人。

舅父曾經規定，燒味食品盡量在燒好後趁熱供給客人享用，目標是應付三十分鐘內的死線。

B. 點心

如果班地厘看到有點心食品（包括糖水），他就會直接落單去點心部，由點心部員工執好點心，由售點員（點心妹）用車仔推出客人枱，放下點心，在點心咭上蓋印，以作記錄。結帳時由部長核實後，再交給收銀員使用。

◈ 敍香園菜式：荷葉飄香雞、椰汁西米布甸、火腿蔥油餅及蓮蓉
白蘭酥。

這個暑期工也有一個珍貴的副產品，我答應了舅父我會以這三個月的奇妙經驗為題材，創作一個電影劇本，舅父聽到後非常興奮，他直覺我是一個有藝術細胞的創作者，鼓勵我去追夢。

我記得 Gang of Four 樂隊有一首歌曲 "*At Home He Feels Like A Tourist*"（在家竟然感覺自己是一個遊客）。原來我家在香港，其實有很多事物都未接觸過，這三個月就像一個「大鄉里出城」，見識了酒樓的文化及打工仔的苦與樂。投身了社會大學又了解到人情世故，每天在酒樓工作非常繁忙，很快便培養了我的應變能力，同時有了機會訓練我的危機管理。舅父讚賞我工作時也漸漸採取主動，手腳也爽快起來。他覺得我辦事比以前有分寸，組織能力也強起來，知道什麼事情要立刻做，什麼事情可以稍後處理，懂得判斷事情孰輕孰重。這些生意場上的知識及智慧，我往後的一生都非常用得上。

◈ 1981 年，31 歲的 Roger（右一）與五舅父、舅母等家人在美國三藩市。

八十年代

回顧之下，籹香園見證了我三十至四十歲期間的輕狂歲月。

1981 年，我辭去在紐約高薪會計師的工作，回港追尋我的電影夢，先加入了香港電台，但發覺自己不喜歡公務員的官僚環境，三年後轉到邵氏公司，又對電影圈失望，發覺一切都是商業掛帥，不是我追求的理想。離職後，我成為一個「城市浪人」，以自由工作者身份接散工，協助廣告和西片拍攝，亦為香港電台的片集配樂，及為港產片翻譯英文字幕，胡胡混混地也能糊口，父母在美國也不敢問及我的事業。

在那個百業興旺的時代，桃姐得到街坊陳太的介紹，不時到工廠剪線頭，收入不錯，我也不反對，讓她可以賺點外快，加強她的自我形象。當桃姐很尷尬地提及需要加班時，我便安慰她，說我在美國獨立生活多年，有足夠能力照顧自己的飲食。

舅父知道我這個無處為家的情況時，便建議我可以隨時用他的辦公室做我的寫作工作，同時可隨意用他的賬戶落單，以便我隨時可以醫肚。我跟舅父說笑，說他好像文藝復興時期的意大利富商 Medici 家族，無條件地供應當時藝術家的起居飲食，令他們可以安心創作，結果孕育了不少不朽的藝術大師，如 Michelangelo、Leonardo da Vinci、Donatello 等。舅父說他不懂藝術，只是很欣賞我在香港電台拍的輕喜劇，令他笑破肚皮，希望他日我可以成為喜劇大師。

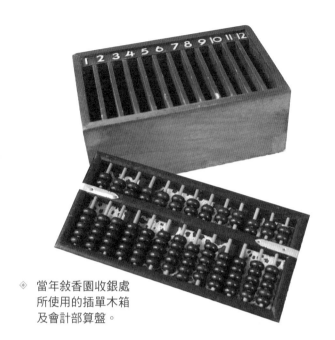

◈ 當年敍香園收銀處
  所使用的插單木箱
  及會計部算盤。

　　在這段日子中，我不時大半天流連在敍香園，一天的時間過得很快，早上到埗後，先吃個新鮮出爐的又軟又熱的叉燒包，再來一件熱辣辣的鹹煎餅，送一碗綿滑的白粥，實在比一杯咖啡更為提神。隨後到寫字樓整理一下翻譯字幕的稿件，打幾個電話安排當天的工作。下午餐期過後，到非繁忙時段，我便到飯店樓下最隱蔽的細枱繼續寫作，到肚子餓的時候，一碗熱騰騰及美味的燒鵝瀨粉，往往是我的心靈雞湯，同時慰解我翻譯英文字幕的寂寞。間中我也和伙計們聊天，做資料搜集，寫下我構思中以敍香園為題材的劇本。

　　下午我不時需要到電台為電視片集做些配樂工作，收工後帶着疲倦的身軀回到酒樓，差不多是宵夜時段，一碗半肥瘦柳梅叉燒飯，加一碟清炒元朗菜心，永遠令我感覺無比的滿足。舅父有空時也和我共膳，當然加添的餸菜保證是美味的時令極品。

　　在這些好似浮萍的日子裏，沒想到因禍得福，是口福，我有機

會品嚐到很多新菜式。當時酒樓的生意一直在下滑，營業部認為市場一直在變化，客人減少是因為其他酒樓的菜式多樣化了，敍香園也需要追上這個潮流。在不太願意之下，舅父也同意試新菜式，試菜安排在每個星期四下午，我也被邀請做白老鼠。在那期間，我吃了很多以前沒試過的菜式，其中不少是新鮮的配搭，擴大了我對飲食文化的了解。由一道餸如何稱之為好吃或不好吃，到配什麼材料是 perfect match，在那個過程中，我領略到很多烹飪的巧妙，也學到如何選擇不同的材料來配搭出一味好餸。這些菜式有時是中西合璧（如豉油皇蒙地卡羅大蝦），有時是南北結合（如粵式片皮鴨），加入不同地方的元素和材料。雖然不是全部菜式都能過關面世，但試菜的過程卻也是一種新奇的經驗。嘗試過這麼多奇奇怪怪的新菜，我最愛的仍然是上環敍香園最始祖的菜式。新菜式注重的只是包裝，始終不如最原始的好。在我看來，銅鑼灣敍香園的始祖菜式一直都沒變，是最美味的。

在我的事業到了樽頸位時，舅父也似乎覺得敍香園同樣到了一個停滯不前的狀況。當雙方同時感覺迷失了方向的時候，兩人默默地鼓勵對方堅持下去，不要放棄。當我的家人不明白我的抉擇時，舅父是唯一一個相信我創作能力的親人，給了我精神上的支持。肚子餓了時，又可以從敍香園得到肚皮上的滿足。不知不覺地，敍香園成為我第二頭住家，不管外面是風大雨大，敍香園永遠是一個得到飽暖感覺的避難所。

◈ 1976 年，Roger 與各親人在尖沙咀敘香園酒樓二樓晚膳後合影。

◈ 1986 年尖沙咀敘香園三樓貴賓室，有可容納 15 人的大枱供家庭聚會。

（5）敍香邨酒樓 —— 灣仔
(1979 年 – 1986 年)

英文名： Orchid Village Restaurant

位於灣仔的敍香邨酒樓 1979 年啟業，相比起銅鑼灣的敍香園飯店及尖沙咀的敍香園酒樓，它的面積是最大的，卻是唯一的一間營運虧損的。

經營不成功的原因有幾個，其一是選址，敍香邨位於灣仔和銅鑼灣之間，這地段的駱克道大部分都是裝修和建築材料公司，其他酒樓食肆不多，是人流最少的地段，一到晚上更是沒個人影，黑漆漆的，客人沒有興致在這條僻靜的街上吃晚飯。附近寫字樓不多，就少了白領及商務客人的生意。加上敍香邨沒有地舖，只有一個乘搭電梯到上層的入口，很少有人察覺這間酒樓的存在，便欠缺了街客（walk-in costumers）。

其二是敍香邨在啟業時定位含糊，本想主要做酒席生意，但總是做不起來。照原定做酒席生意的計劃，二樓可以擺十張大枱，三樓可以擺四十枱。二樓和三樓加起來，總共可以擺五十張大枱。但從來沒試過有人訂五十圍酒席，也沒有營業經理能拉攏這麼大型的酒席。結婚酒席通常不會擺到五十圍，若真的有五十圍的酒席，客人也會希望在同一層，而不是分散開兩層，或者選擇去更豪華的酒

◈ 敍香邨二樓酒吧。

◈ 1979 年，敍香邨啟業時員工開工聚餐。

THE
BEST
CANTONESE
FOOD
IN
TOWN

正宗粵菜
調製獨到
一致推崇

敍香園酒樓
Orchid Garden Restaurant Ltd.
九龍尖沙咀漢口道三十七號
37, Hankow Road, Tsimshatsui Kowloon.
TEL. 3-682970, 3-672126-9

敍香園飯店
Orchid Garden Restaurant一
香港灣仔洛克道四八一號
481, Lockhart Road, Hong Kong.
TEL. 5-777151, 5-777161

敍香邨酒樓
Orchid Village Restaurant Ltd.
香港灣仔洛克道三四一號
341, Lockhart Road, Hong Kong.
TEL. 5-730627, 5-730628 5-756891-7

Orchid Village *Restaurant* 中 1982

敘香邨酒樓

敘香園往事

Sea-Food

◈ 當年酒樓菜單已是中英對照，不少中菜仍流傳至今天。

海 鮮 類 (例)

· 香滑石班球 份
· 碧綠石班球 份明
· 白汁石班塊 份
· 吉列石班塊 份
· 油泡鮮帶子 份
· 燒雲腿鮮帶子 份及
· 碧綠鮮帶子 份明
· 紅燒石班翅 份
· 生炆石班腩 份
· 油泡生魚球 份
· 碧綠生魚片 份明
· 翡翠生魚鱠 份明
· 生魚片連湯
· 薑葱焗肉蟹
· 豉椒焗肉蟹
· 清蒸大崀蟹
· 干煎大蝦碌 份
· 茄汁大蝦碌 份
· 油泡鮮鱠球 份
· 時蔬炒鮮鱿 份明
· 香煎明蝦球 份
· 脆皮奶拼蝦球 份明
· 合桃炒蝦球 份明
· 碧綠滑蝦球 份明
· 吉列明蝦球 份
· 香荔鳳尾蝦 份明
· 清炒鮮蝦仁 份
· 滑蛋鮮蝦仁 份明
· 香煎芙蓉蝦 份明
· 腰菜炒蝦仁 份明
· 百花炸釀蟹拑 份明及
· 香煎芙蓉蟹 份明及

Pork

104. Fried Pork Chop in Paper Bag .. .. $
105. Baked Pork Ribs with Ginger & Onion .. ..
106. Steamed Pork Ribs with Soyed Bean Sauce .. ..
107. Sweet & Sour Pork Ribs .. ..
108. Sweet & Sour Pork .. ..
109. Fried Sliced Pork with Vegetables .. ..
110. Diced Pork with Cashew-Nut .. .. ..
111. Diced Pork with Walnut .. ..
112. Boiled Pig's Liver & Kidney .. .. ..
113. Fried Pig's Kidney with Vegetables .. ..
114. Fried Pig's Liver & Kidney with Vegetables .. ..

Beef

115. Fried Fillet Steak "Cantonese Style" .. ..
116. Fried Fillet Steak with Soyed Bean Sauce .. ..
117. Fried Shredded Beef with Bamboo Shoots ..
118. Fried Sliced Beef with Oyster Sauce .. ..
119. Fried Sliced Beef with Vegetables .. ..
120. Fried Sliced Beef with Ginger & Green Onion ..
121. Fried Sliced Beef with Scramble Eggs .. ..
122. Fried Sliced Beef with Cashew-Nut .. ..
123. Fried Sliced Beef with Celery .. .. ..

Frog

124. Noisette Frogs .. ..
125. Steamed Frog with Ham & Mushroom .. ..
126. Spiced Frog Saute .. ..
127. Fried Frog with Bamboo-Shoots .. .. ..
128. Fried Frog with Vegetables .. ..

豬 肉 類 (例)

.. 蒼梧紙包肉排 件
· 薑葱焗肉排 份
· 豉汁蒸肉排 份
· 生炒肉排骨 份
· 菠蘿咕嚕肉 份件
· 青蔬炒肉片 份明
· 腰菓炒肉丁 份明
· 合桃炒肉丁 份明
.. 白灼鮮腰潤 份
· 時菜炒腰花 份明
· 時菜炒腰潤 份明

牛 肉 類 (例)

· 中式煎牛柳 份件
· 豉汁煎牛柳 份件
· 冬筍牛柳絲 份明
· 蠔油炒牛肉 份明
· 時菜炒牛肉 份明
· 薑葱爆牛肉 份明
· 滑旦炒牛肉 份明
· 腰菓炒牛肉 份明
· 西芹炒牛肉 份明

田 雞 類 (例)

· 油泡大田雞 份明
· 北菇雲腿蒸田雞 份及
· 蔴辣大田雞 份明
· 生炒大田雞 份明
· 菜蘆炒田雞 份明

Seajood
Pork
Beej
& Frog
海 鮮 類
豬 肉 類
牛 肉 類
田 雞 類

Miscellaneous
Dishes
Little Bowl
Broth
Double-
Boiled Soup
Soup
家常什菜
砂 窩 類
羹 類
燉 品 類
湯 類

Barbecue &
Cold Dishes
Dessert
燒 烤 類
鹵 味 類
甜 品 類
(轉後頁)

店排場，因此一直都沒有接到大型的酒席生意。其他茶市或小菜的生意也勉勉強強，賺不到錢。

其三是酒樓有二樓和三樓，坐滿可有六百位顧客，但只有一部電梯，每次可載十人。每當幾圍枱一起散席，就會人擠人。其後曾申請加建一部電梯，但需要多個政府部門批准，結果到結業時，還未獲批。

其四是敍香邨的食物出品的水準亦沒有銅鑼灣敍香園飯店那麼穩定，結果香港的富豪們仍是喜歡去幫襯銅鑼灣敍香園飯店。九龍顧客則留在尖沙咀敍香園酒樓。

1984年，我曾介紹了我電視台的同事何先生到敍香邨擺滿月酒席，即現時流行的「百日宴」。何先生預訂了五圍酒席，酒樓安排下午四時後有免費雀局，可惜他的親戚朋友們都不好此道。

那天晚上我也到場，協助打點，我的表弟作為酒樓主管，保證酒席的價錢已計算到最便宜，酒水全免。結果，宴客主人認為貨真價實，用了上乘的材料，極為超值，賓客也異口同聲稱讚餸菜好味，只是其中有客人對酒樓地點有微言，覺得位置不夠就腳。我比他們更加挑剔，向我的表弟講出我作為一個消費者的誠實意見，我覺得服務周到，廚房出品不過不失，惟並無特色。三樓全層還有另一宗酒席，也是大概五、六圍，兩宗酒席共十圍，只佔三樓五分之一，看來比較冷清，而且只有一部可載十人的升降機供賓客上下樓層。散席時，大概有五十多位賓客一起等電梯，要分開五轉，極不理想。有賓客企圖沿着樓梯由三樓步行到地面，但對穿高跟鞋的女賓客來說，較不方便。

灣仔敍香邨的生意一直都差強人意，晚膳時間常常連一輪客人也做不到。結果，長痛不如短痛，1986 年終於結業，共經歷了七年。幸好敍香邨是 1974 年低價買入的物業，1986 年結業時，在地產高峰時賣出，物業買賣賺回來的盈餘彌補了營運的虧損，結果平了數離場。

有人說平凡是幸福，但在飲食業，平凡是一種罪過，因為顧客永遠追求有特色的食店，可以向別人炫耀。敍香邨的食物則是不過不失，欠缺神采，裝修落了本，卻不合時尚，雖然我到過敍香邨多次，但我對它的印象不是太深刻，就好像一個互不投契的表面朋友，漸漸被淡忘，跟着便消失了，聽聞很多敍香園的忠實擁躉都有同樣的感覺。

◈ 在灣仔敍香邨酒樓結業前，林家家族在晚膳後合影於敍香邨酒樓的樓梯前。

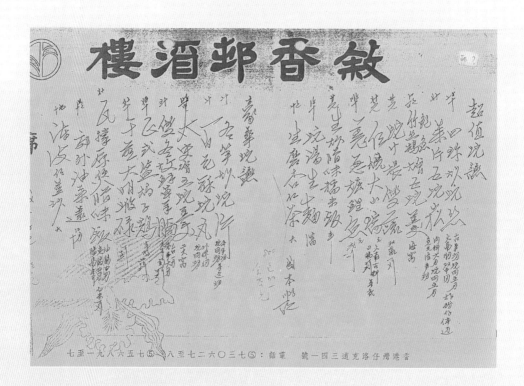

◈ 1985 年 1 月，《儷人》雜誌報道敍香邨酒樓。

叙香園關了最後一間

叙香園，並不是大店，只可以說是使人吃得稱好的一間小店。或者可以說是老字號，以目下數千間食肆來說是歷史最悠久，應可稱得上。只可惜，駱克道的一間停了業之後，尖沙咀那間成為最後的一間，終於亦宣告結束。

結束的原因，客人都知道並不是生意不前。店是自置的物業，不怕加租，也毋須說生意好不好，誰都知道，從此成為歷史的陳迹，湮沒了。

最初開業的一間「叙香園」，就在如今中環電車路恒生銀行的隔鄰，是兩個舖位，只有地下、閣仔，有早茶，午市，晚飯。背後向海的那一邊「杏香園」是同系，只有一個舖位，有茶飲，卻沒有點心，但不會錯得到哪裏去，無奈掌門的一家人都早已作了移民，下一輩又不願繼承祖業。聽說，此店的主人有心在那一邊再打江山，但奈於人才難得，地方小小，但名氣大大，炒賣小菜，可說是在香港飲食歷史上佔了重要的一頁。廚房中的第一把手「牛叔」，低櫃中的「田叔」，都是十分使人懷念的人物。當年的「豉油王浸鵝腸」，「白灼腰膶」都曾經領導過潮流。田叔的「白雲豬手」亦使這廣東名食保留了長長的一頁；其手上燒出來的燒鵝叉燒，都不是這一輩所能比擬的。

有很多出名的甜品，粥粉麵飯都有，式式製作都有高水準。這一集團還有一間在高陞戲院側，名叫「桃園」，也是出了名「吃得」的一個字號。

「叙香園」搬來駱克道，終於疊埋心水，不再堅持下去，於是，一只成名多年的食店三間變兩間，兩間變一間，如今連這最後一間亦告淡出，不禁為之黯然。

◆　報紙上的飲食專欄，也曾寫到一筆叙香園的歷史。

附　錄　一

敍香園老員工訪問

鍾凝小姐

老員工 1：劉浩

　　1929 年生於中山，第二次世界大戰後日本投降，劉浩（本名：劉灝亮）在 1945 年 11 月即從中山來到香港。經親戚介紹，自十六歲起開始入行做餐飲，曾見證香港歷史的大時代。開業於 1925 年的大同酒家，位於上環德輔道中 234 號，是當時無人不識的中菜館。劉浩進入大同酒家做學徒多年，見證過不少名人、總理在酒家用膳，當時四大酒樓就是：金城、建國、中國、大同酒家，三十幾年做到大同酒家結業。後來才轉職到灣仔敍香邨做經理。

　　身為餐飲業老行尊，在他眼中，茶樓與酒樓是有分別的：「二十幾年前，酒樓冇得賣月餅，茶樓先有。裹蒸糉都係，茶樓會賣，酒樓唔賣，舊陣係分開嘅。例如大同嘅裹蒸糉，四個半銀錢一隻，係日本打長途電話嚟訂，訂一百幾廿隻。真係靚到冇得頂呀，四個半銀錢，十年都係四個半。但係而家，一百蚊隻都冇舊底嗰啲咁靚。」靚是靚在配料，劉浩指出，製作一個裹蒸糉最貴在人工、租金，但從前製作靚、用料靚，是很難得的。裹蒸糉取出後，筷子一戳下去，糉香四處飄散，令人難忘。

　　訪問劉浩時，談得最多的反而不是敍香園（或敍香邨），而是從劉浩這位老師傅口中，了解更多香港餐飲業的歷史與發展。劉浩在大同酒家待了三十多年，從學徒晉升到經理級，他的形容帶點誇張色彩但又十分貼切：「飛機都曉整

呀！」，在酒樓抹窗、抹燈、抹地什麼雜務他都包辦過，什麼都做，颱風時期更加麻煩，忙到一腳踢。劉浩也見識到酒樓從前分為男招待、女招待的職務，男招待就等於侍應，粗重活會做。女招待主要給客人夾菜，操重活不會碰。在劉浩入行前，酒樓甚至會擺放羅漢床，讓人吸食鴉片。

餐飲業一行多數年中無休，在以前，劉浩也是一年才休息幾天：「舊陣一年都係得五日假期，年三十，初一，初二，初三，四日都會放假。另外，還有九月一日慶祝酒樓仝同會成立周年，伙計圍爐食開飯。」從前伙計上上下下感情好，酒樓生意蒸蒸日上，在社會上也是一條不錯的出路。

談話間，劉浩說出很多舊事的酒樓逸事，當時不乏自身影子。酒樓工作收入雖穩定，但不少廚房師傅喜歡賭錢，劉浩更說：賭錢是本性來的。不過，劉浩是不煙不酒不賭，更日日做運動，跑步或游水，多年來練成健碩的體魄。

如今九十多歲的老人家，見證餐飲業的風起雲。看似是東拉西扯的傾談，背後卻隱藏着許多解讀歲月和香港的密碼。

◈ 在訪問稿寫成的翌日，劉浩已前往另一國度的途中。相信敍香園以至於酒樓、飲食，都在他生命留下重要的痕跡。

◈ 1947 年，Roger 父母回港，在劉浩提及的大同酒樓補請朋友的婚宴。

老員工 2：胡國

胡國在順德出世，二十年代家人曾走難來香港，後來和平前走難回廣州。未幾，六十年代，又再次偷渡來香港，決心學一門手藝。

胡國是出身於酒樓世家，家中幾代做酒樓煮粵菜，凡是能説出口的菜式，胡國一概懂得。「因為嗰個時代呢，我哋開一間酒樓，就係由我哋去話畀燒味檔、點心部聽、廚房聽，由我寫菜單畀佢哋。」出於本能上的經營，從菜式策劃、酒樓管理、食品監督全部都由自己一手包辦，這種訓練練就了胡國一身「好功夫」。

七十年代已入職敍香園的胡國，分別在尖沙咀敍香園和灣仔敍香邨打過工。在此之前，胡國曾經營包辦筵席（即現今上門製作到會食物）的生意，開設「群樂包辦筵席」，為城中不少富貴人家烹煮宴會美食。其中他到過南洋華僑商人胡文虎的家（即虎豹別墅），包辦三十圍的筵席，那年是慶祝胡文虎的生日。

剛入職敍香園期間，胡國在營業部工作，其中一項工作就是寫菜單。有時客人來到，不知道食什麼好，試着向職員描述，營業部長就會寫一個菜單出來，與客人商討加減什麼菜式。此外，營業部還要負責與老闆一起計數：「嗰個時代呢，老闆搵到營業部，計到價錢，包括呢間酒樓面積、租金、水電煤費用、人工，計咗條數後，做幾多分錢生意，再評估呢一個區、呢個地方，可擺幾多張枱、幾多個位，每人消費幾多錢，每日做幾多錢生意，才維持呢間舖頭嘅生意。」乍聽之下，營業部長所負責的職務不輕，但胡國一樣勝任。當年敍香園老闆林啟光找上了胡國，正因為他常常到對面的彌敦酒店用膳。

胡國在 1986 年開業的彌敦酒店任職多年，林啟光多次向邀請胡國到敍香園工作，但胡國都拒絕：「我唔去佢嗰度，因為佢俾嘅人工

打了八折，因為佢細間呀嘛，我明白呀。譬如，我哋做營業部，以當時計哩，就係千零蚊嘅啫。」但後來會令胡國改變主意，又與自己子女在循道學校唸書有關，林家在循道會是極具影響力的家族，這種淵源底下，胡國就從彌敦酒店轉職至敍香園了。

在敍香園任職期間，每逢星期二下午兩點後，胡國與老闆、點心部、廚房職員坐在一起，嘗試新菜式。「凡係做飲食，每十五日或者一個月，就要轉新餐牌。」為了保持菜式新鮮、食材新穎，營業部、

廚房員工要共同研發新的菜式。營業部的角色與普通樓面不同，必須要時刻向老闆匯報，最近哪些食材新鮮，適合烹煮哪些菜式或可吸引顧客光臨。保持一間餐廳的質素，除廚房外，營業部可謂是餐廳的重中之中。

說起更早年的故事，胡國回想起自己有段時間曾在廣州中央酒店待過，那是一間接待名人政要的酒樓。八十年代在荃灣眾安街開了金城酒樓。胡國在酒樓見慣大場面，同時，也見證了香港與內地的餐飲業發展。

◈ 照片拍攝於訪問當日。

老員工 3：李樹華

　　1962 年，李樹華初入行飲食業，當時他 12、13 歲，就是在點心部工作。1971 年年尾，李樹華入職敍香園，直到 1983 年才離開。當初入職點心部，熬過兩年學徒，負責煎炸點心等工作，兩年後，晉升到做辦餡的位置。辦餡是製作點心的靈魂，也是酒樓中非常重要的崗位。一粒燒賣、一個叉燒包好吃與否，都操控在辦餡手中。據李樹華憶起老闆林啟光，他這樣説：「林啟光，即係我個老闆哩，咁就日日返嚟試（點心）嘅，佢試咗認為無問題啦，佢先至點頭，佢都係好好小心嘅。」在李樹華正式「坐正」做辦餡職位之前，連續幾個月時間都在受訓做好辦餡的角色，由此可見，酒樓對於點心部師傅的要求十分高。

　　李樹華分享，在點心部的分工中，按辦（負責餅皮）和辦餡（負責餡料）都是主力的「大工」，其餘都是小工，小工又叫做「廚雜」或「點心雜」，什麼都懂一點。在李樹華初入行的六十年代，點心雜工甚至要拿着點心盤在酒樓門外賣點心的。至於腸粉、糉，都各自有專責的職位，分工這般清晰、詳盡，某程度上也反映了酒樓對於點心製作的認真。但別忘記，在那些年代，點心全由人手製作，沒有機器輔助的：「以前一個大木盤，啲牛肉係幾十斤，咁呢真係用手搓。牛肉的份量，落幾多水去搓，不能用蠻力，搓到起膠程度，一定要記住。」點心製作的細節全靠觀察，李樹華當學徒的日子，一直依靠自己的天分與後天努力去學習。

　　李樹華由入職敍香園時人工只有港幣一千多元，幾年下來，升到四千多元，期間也有人挖角。所謂「做生不如做熟」，李樹華憑着自己一門手藝在敍香園留下來。以七十年代經濟環境而言，普通人工是六百元一個月。而敍香園的人工不算低，即使做煎炸崗位也有八百多元一個月，因此待遇優良也是留住員工的好辦法。與此同時，在

七十年代會光顧敍香園等酒樓的顧客，幾乎個個都是有錢人，付貼士也尤其闊綽。李樹華說，例如酒樓經理、知客經常留位給熟客，有錢人打個電話來，酒樓就會安排座位給他。「帶位嗰陣，都有一百蚊貼士。」

回想起最初，李樹華也是被敍香園員工挖角過來的。尖沙咀海運大廈海天酒樓，李樹華就是從小工位做起的。當時海天酒樓的班底來自五湖四海，如舊彌敦酒樓、京華酒樓等。後來 1969 年新彌敦酒樓開張，李樹華認識了唐鑾，唐鑾後來轉到敍香園工作，就順道把李樹華挖了過去。

在餐飲業這行，人手的流動性大，但好師傅也是常常被挖角的對象。訪談中的老師傅不會吹捧自己有多強，手藝多好，只是從他們在行業的流轉之間，眉宇間總流露一股對飲食的執着、工作的認真態度。多年往事，在腦中悠悠迴盪，一切說起來仍像昨天。

◈ 照片拍攝於訪問李樹華當日。

敍香園員工花絮剪影

◈ 1975 年，敍香園員工在
老闆五舅父家中團拜。

◈ （由左至右）林基（營業部主任）、
梁明（部長）、曹滿華（部長）。

◈ Roger 五舅父、五舅母、
表哥和眾員工賀年午飯
時合影。

◇ 1976 年，員工前往老闆家中團拜。袁昌是食材買手。

◇ 袁九是食材買手。

◇ 潘樹溪是營業部
經理，謝金是廚
房總廚。

◈ 敍友團在疫情前定期聚餐，Roger 也參與其中。每年見着員工逐漸老去，一位一位離世，於是感到記錄敍香園故事之必要，才寫成此書。

◇ 2023 年 3 月，香港話劇團在香港藝術中心壽臣劇院公演了《不散的宴席》，以李恩霖（Roger）1973 年在敍香園做暑期工的故事為藍本，創作出一套與敍香園有關的舞台劇。當時邀請了敍香園員工到現場觀賞，留下員工與演員的大合影。（照片由香港話劇團提供）

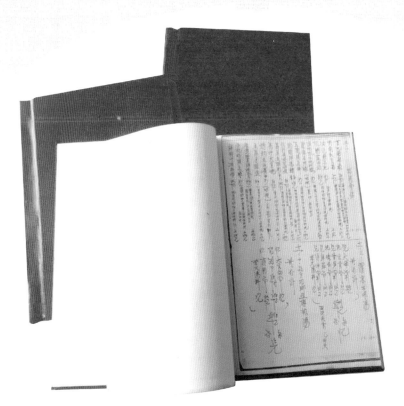

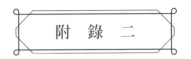

敍香園背後的三本大紅書

Mr. Samuel Lai

倫敦大學亞非學院社會人類學博士生

導讀

在 2022 年的夏天，經過長春社古蹟資源中心的梁梓豪（Osker）介紹，我認識了香港大學現代語言及文化學院的教學助理黎的琛（Samuel），想不到一個年輕人竟然對香港飲食業的掌故有如此熱誠和深厚的認識。他很細心地閱讀我手頭上的所有資料，其中包括舅父留下的一套三本冊子的敍香園「天書」。

舅父在 1989 年結束尖沙咀敍香園酒樓時，編寫了酒樓多年來的菜譜集及一些酒席菜單資料，包括各菜式的材料，有些還有份量及做法。舅父打印了菜譜集，分派給林家各兄弟姐妹，每人一份，以作為家族的紀念。但多年來，眾人都無法全部明白書中的內容，因為是用昔日酒樓業的傳統書法寫成，對外行人來說，字體十分潦草，況且，很多食材的名字已經不存在或已有了新的叫法，但 Samuel 神乎其技地指點迷津，解讀了這本天書的大部分內容。為了進一步了解菜譜集，我約了 Samuel 與曾任職酒樓營業部的胡國興見面。胡師父已接近九十歲，但腦筋靈活，十分精靈，聽覺和視力也健全。他倆交談了整個晚上，多年來的謎團終於被解讀了出來。附件是 Samuel 記錄的那些年的菜譜資料，現在只能望梅止渴，令人懷緬。

（李恩霖）

前言

遇上敍香園與李恩霖先生（Roger）是冥冥中的一種緣分，在此之前，我只是個終日埋頭於茶餐廳，對粵菜與酒樓幾乎毫無認識的大學教學助理。直至 2022 年初，長春社朋友梁先生來訊，在機緣巧合下他認識了一位前輩李恩霖先生（Roger）。大家認識的 Roger 可能是電影桃姐中男主角的原型，但其家族實是一個飲食世家，除了經營橫跨大半個世紀的敍香園酒樓外，在 20 世紀初更經營杏香園冰室。舊冰室過往都沒有得到太多大眾或學術的注視，資料固然少之又少，這次有幸拜見家族後人就更是難能可貴。我們在堅尼地城見面，Roger 帶備了不少珍貴資料，相片訪問稿內部文件菜單，更滔滔不絕的訴說他母親家族的歷史以至與這數間食肆之間的關係。這是為我們第一次見面。

後來在 Roger 美孚家中，再次接觸敍香園的資料文獻，例如尖沙咀敍香園開業時珍貴的留影相簿；以敍香園數間酒樓為綱，數本我自己也搜刮多時無果，已絕版的硬皮烹飪書；以及當中最吸引我的三本，各一厘米多厚的硬皮紅色書。

翻開三本大紅書

我姑且叫這三本食譜作大紅書。當我閱畢清晰印製的菜單及部門分工表後，把三本大紅書挪到面前，隨隨翻開，終於真正明白前人的難處，同時發現這三本才是眾多資料中的精粹。

大紅書實際上是敍香園當年的內部文件翻印本，詳列 1964 年直至八十年代初來貨價以及各類型餸菜的資料，如所需的配料、用量、來貨價、以及整道餸菜的成本，以計算菜單上的價目。當中亦包括筵席酒會的菜單，如翻開第一頁就有此餐單：

一九六六年六月卅日星期四
張醫生中西式雞尾酒會四十位　每位六元　共銀 二四百元

熱頭盤
喋哎魚丸一斤▪二元　汁料▪三元
雞肝一斤▪六元　双正八兩▪一二元　茄汁弍支▪二六元
牛肉丸一斤▪四元　噏汁半支▪一五元　肥肉四兩▪三毛
雞尾腸兩碟▪五八元　油料▪一元
共計 二七四十元

雞批仔五打▪九元　蘋果批仔五打▪九元
蝦多士仔五打▪九元　什三文治三打▪九元
薯片五斤▪二五元　檸檬片三個▪八毛
花生一斤▪二六元　腰果一斤▪七元
共計 四八九十元

春卷仔五打　薄餅一五件▪一元
洋沖八兩▪三毛　筍絲八兩▪一元
濕古絲一兩▪五毛　肉絲八兩▪二四元
九王二兩▪七毛　油料▪一五元
共計 七四元

叉燒十三兩▪五四元　燒雞肝十三兩▪六六元
元蹄十兩▪三元　金錢雞六零件▪七八元
共計二二八十元

拼邊油料▪五元
共成一一一五百元

餐牌上的摩斯密碼

（1）同音字眾多

菜單內容以手寫為主，並貫徹一向香港人以同音字代替繁複用字的做法，又有一些現已甚少使用的詞語，另有一些現已變成另一個名字的材料。更重要的是，它是以現在較為少見的數字及量衡制度來計算及書寫。

（2）花碼數字及價錢單位

同時，菜單皆以花碼作為數字的書寫方法，有別於正常中文字的一至十：如四是一個大交叉、五看似一個羅馬數字五、六是一點下加一劃、九是夂等。另一方面，重量皆以司馬斤作為單位，有別於十進制的公斤及克。一斤是為十六兩，一兩為十錢。以上菜單裏的重量還算容易理解，但在紅書往後一些牽涉海鮮的計算裏，買手需先寫低在街市每一兩或斤的價錢，秤重海鮮，改淨除去魚麟硬殼內臟髒物，最後計算所得可食用的材料成數，每一斤可得的材料，以及每一兩材料的價錢。

此外，書中的價錢單位也有別於大眾通常可見的做法。以以上菜單為例，熱頭盤共計二七四 十元，「十元」作為單位，數字從左至右理解，將四理解為小數點後的數目，所以實際上即現今的二十七元四毛。以「毛」、「元」或「百元」為數字單位的價目，以及重量單位，也是以同樣方法理解。如此類推，春卷仔五打共計七四 元就是七元四毛；整個雞尾酒會共成一一一五百元，就是一百一十一元五毛。

（3）粵式口語與整體中文夾雜

為方便會計部員工書寫，字體潦草是基本，畢竟只要大家都一同在敍香園工作一段時間，自然看得明白。同時，書中亦大量使用了同音字，例如以上的「古」為「菇」，「沖」為「葱」，「双正」為「雙蒸（酒）」。另一方面，紅書的內容作為內部文件，重點是方便記錄，容易理解，因此不少字句皆是廣東話

口語與正體中文混雜。在紅書中亦會見到不少與現在不同稱呼寫法的材料，例如現在大多會在茶餐廳茶檔才有的咖央多士，當年稱為「喺又多士」；現在大多寫為「咖喱」的，皆會以「喺吖」出現於書中。而以完全不同名稱出現的材料，我心目中最有印象的一定是「珍珠筍」，也就是我們坊間稱為「粟米仔」的蔬菜。

大紅書與敍香園菜式

話說回來，大紅書畢竟是內部文件的翻印本，只供員工作紀錄及參考，所以實際上並沒有劃一的格式或必須填寫的資料。一開始我總以為它就是一本計算來貨價的紀錄，但慢慢讀下去就會發現，書裏三不五時總會有一些看似無關痛癢但卻可以讓我們參透更多關於當年的敍香園的細節，如當年發生的一些軼事，來貨的品質，或者在芸芸來貨價及斤兩中間發現某人口述的菜式做法。在書中亦會找到不少特別菜式和甜品的做法，但感覺上礙

於紅書只作參考之用，所以做法都不會寫得非常詳盡，只有短短的一兩句。到頭來都是依靠當年讀者自己的功力以致練習，或者是真的要跟着師父的指導，才真的可以煮出來；但對於我們來說，看到莫名其妙的菜式名稱而又能夠大概知道份量以致其實質上是什麼來的，已經非常滿足。

在 1967 年 9 月 4 日，紅書裏就有這樣的一行小字：「雞蛋斷市，三五 毛一只都冇得買！」讀到這裏的時候，不知為何總會感受到當年買手對於價錢的不滿，即使這只是短短的一句慨嘆說話。是什麼原因使雞蛋這樣基本的食材都會斷市呢？是外圍環境還是社會狀況所引致？翻查資料才發現，原來三毛半一隻雞蛋在當年已經實屬天價。

紅書裏有時候亦會標記材料從哪裏入貨，如三友隆的頂級勾翅、永光的八頭網鮑、安記的曹公鹹魚、台灣地球牌露筍、雙鳳牌香菌等等。1969 年 4 月 11 日的一堆

凍肉，就是響應永安公司美國周凍肉製品介紹而購買的。當中的凍雞被安排用來製作燒雞火腿，紅書裏更特別標記為由「西廚製」。由此可見，六十年代的敍香園實有西廚一職，不過年代久遠，是否真有其事，實在無從稽考。

記錄食材質素、控制份量技巧

除此之外，紅書不時也會有員工對來貨質素的評價，以供往後使用的員工參考。1967 年 1 月 1 日購買的三十二頭鮑魚，就有以下的註釋：「魚身淋滑色味麻麻地，例牌及經濟可以。」也就是説，這一批鮑魚質素欠佳，作普通的例牌菜或經濟套餐裏的菜式還可，招呼上賓或作昂貴菜式就可免。1967 年 1 月 7 日的一批新冬菇則有「此菇色相都好，隻數勻」這較正面的評價，但如可使用，就有待到時廚師自己決定。

另一方面，書中更會有一些有關侍應上菜的註釋或所須注意的地方，譬如 1967 年 9 月 5 日，書中寫道：「雞鮑翅擺位碗仔每碗重量三五兩，為係清水衹得三兩。」敍香園公司一方原來對於每一碗雞鮑翅的重量皆有計算及規定，有湯料魚翅的應重三兩半，只要清湯的則是三兩。當然，上菜時侍應究竟如何控制每一碗的重量，就真的需要侍應自己的經驗和技巧了。

從傳統菜式窺探敍香園的發展軌跡

菜式方面，敍香園在當年實屬高級酒家，Roger 以現時灣仔的益新或福臨門飯店等被視為富豪飯堂作為對比。因此，敍香園的菜式除了秉承粵菜傳統外，並且在務求滿足顧客需要的同時，不斷精益求精，推陳出新。在香港經濟發展的年間推出西化的菜式，以鞏固敍香園在粵菜界的地位。

首先，在粵菜的部分，其中一項在芸芸紀錄了來貨價斤兩等篇章中間突然出現一道口述菜式的做法。這道菜式是以下的神仙鴨：

一九六八年七月二十五日
神仙鴨 鄧漢君轉述

老米鴨一隻，白鹽一更用來擦勻鴨身及鴨肚；
玫瑰露兩更，一更用作擦勻鴨身及肚，
另一更則放入鴨肚內及薑沖等，又冰糖一兩研碎審上鴨面，
隔水蒸熟後斬件將原汁淋上面

是否真的有這道餸菜就不得而知，而感覺上這神仙鴨需要以口述方式呈現在紅書裏，亦好像代表了它已漸漸失傳的情況。但透過當年敍香園員工這小小的紀錄，我們大概可以知道他們實是希望繼續鑽研粵菜，或者是將以漸漸消失於眼前的菜式帶回敍香園裏。

而另一道可以讓我們一窺當年敍香園發展的菜式則有：

一九六七年四月四日
蒙地卡羅大蝦

炸大蝦十三隻　炸薯片墊底　多士鳳捲廿四件拼邊
另甘筍絲生菜絲圍邊襯以各欵花式及裝燈．六元
蝦頭 一三十只 一三十兩．四九元
炸薯片三兩．三毛　雀肉多士六件．五毛　魚茸莆六件．八毛
龍鳳捲六件　麵包．一毛　火腿．一毛　蝦膠 一五兩．一元 共一二元
荔茸餅六件．六毛
甘筍生菜絲襯花裝燈．一五元
油料．二二元
共成價一一一二十元

拼邊油料．五元
共成一一一五百元

這道菜式説是蒙地卡羅大蝦，但就好像香港不少食品哪用外國地方或產品名稱以提高階級一樣（如XO醬、麵包業界統稱的俄羅斯包，即非港式傳統麵包），其實跟蒙地卡羅是完全沒有關係。看看材料，我們自然會發覺當中有在傳統粵菜甚少使用的薯片、甘筍、麵包、火腿等材料，但同時又會有荔茸餅魚茸莆等看似中式的食物，實是中西兼備。如果我們再看一看本文第二部分的中西式雞尾酒會菜單，就更會感受到敍香園廚師師傅的多元及中西合璧的實力。

敍香園實是當年香港的粵菜龍頭之一，絕不能只以噱頭吸引新舊食客。單單憑以下時菜及齋菜菜式，我們大概可以看到數個規律，或至少是當年敍香園負責構思菜式名稱員工的思路：

每逢使用鐵扒的菜式都會加「鐵甲」於名稱中；

有「雲」的菜式都會使用雲腿為材料；

有「龍」的菜式通常都會使用龍蝦或蝦作為材料，以顯貴格；

「袈裟」在齋菜中泛指蟹汁蟹黃獻。

範例一：時菜菜式

（1）龍

龍潛觀宇宙｜豉汁雞翼球龍蝦球，裝燈襯花

龍騰潛碧海｜炸蝦膠砌骨牌樣，芥菜伴邊，蟹肉冬瓜茸獻淋上

鐵甲襯龍袍｜豉汁龍蝦球在中，鐵扒乳鴿拌邊，龍蝦頭裝燈

雪影伴雲龍｜蝦膠釀薄肥肉，上鋪雲腿一片干炸上，炸鮮奶伴邊，每款十四件

雙鳳戲雲龍｜龍穿鳳翼一四十件，鹽焗雞腰五兩伴邊，菜底

百花龍鳳捲｜薄麵包捲蝦膠中夾洋腿一條捲好，原條干炸切件上

鐵甲龍袍｜鐵扒雞件，酸甜汁窩貼蝦六只伴邊

花國龍鳳配｜雲腿笋穿雞心，蝦球合桃炒上，另用芋絲炸作窩形承載然後用碟載上

美盞襯龍球｜蝦丸碌上麵包幼粒干炸上，跟美生菜沙律盞拼邊

龍騰新宇宙｜玉簪雞翼球拼油泡龍蝦球，沙律生菜盞，一四十件伴邊及裝燈

龍王抱鳳子｜芥蘭枝墊底，鹽焗雞腰上面，百花鮮菇六件伴邊，蟹黃蟹肉獻淋上面

（2）動物

仙鹿採靈芝｜蝦膠釀鮮菇一弍十件在中間，縐沙鴿蛋成十只伴邊

喜鵲歸巢｜九王雞絲冬筍雲腿芥蘭枝炒絲，用芋絲兜，再另鹽焗春蛋一打伴邊

（3）佛教

東海泛袈裟｜冬瓜件扒素珍料烤淋，用竹笙穿芥菜 一弍十件扒上，打蟹汁獻上面

錦繡換袈裟｜菜遠度炒拆骨雞腳，竹笙穿露筍在中間，蟹黃獻淋上面

東海法蒲團｜原件冬瓜藏齋珍料烤淋，發菜西生菜伴蠔油獻淋上面，即法海蒲團樣

菩提三頂結｜齋雞冬筍冬菇蠔豉各一件用鮮竹扎好成雞扎形烤淋，鮮菇底菜遠伴邊

（4）大自然景觀

月朗鴻聲｜蝦膠釀白鴿蛋腿茸元西，上面琉璃獻

月影百花｜蝦膠釀仙姑長度芥蘭墊底，縐沙鵪鶉蛋伴邊

綠島觀奇｜蝦膠釀肥肉，雞肝一件放上面，干炸上，豆苗底

（5）吉利

花開富貴｜蝦膠釀西蘭花中間放蟹黃一的，蒸熟淋琉璃獻

腰纏萬貫｜雞腰竹笙榆耳炒芥蘭枝，蟹黃獻上；另一製法：鹽焗雞腰拼邊，蝦膠釀竹笙在中，琉璃獻

（6）其他

荔茸香酥盒｜荔茸底，中間豬肉蝦餡上蓋鮮麵皮炸上

家鄉柴把鴨｜燒鴨起骨淨肉二二十件笋一條芥蘭一條菜一條，用先腐竹扎成雞扎形烤，好淋小獻上

蟹肉琵琶盞｜蝦肉蟹肉豬肉餡，用池更蒸琵琶形上，雞蛋半煎炸乾上，銀芽底

荔茸雞肝蘆魚夾｜荔茸骨牌型在底，中間雞肝上面鋪蘆魚一件，乾炸上

範例二：齋菜菜式

（1）佛教與玉石

凌雄吐玉寶｜鮮竹包蠔豉四方形，榆耳科甲瓜砌其鱗形分三行，芥菜伴邊

蓬萊翠玉捲｜炸齋春捲干上，芥蘭伴邊

蓬萊飯三寶｜冬笋齋雞菇仔用炸過鮮竹扎好成柴把鴨形埋好，鮮菇墊底，淋蠔油獻上，西蘭花伴邊

靈光朝玉佛｜燕窩炒椰汁鮮奶，炸粉底

瑞雪影紅梅｜炒素珍料在碟中心，鮮竹西蘭花扎一二十件伴邊

　　菜單及酒席方面，就如前文所述，紅書大多記錄來貨斤兩及基本做法，實在沒有很多完整菜單。不過其實 Roger 讓我參考的資料遠多於三本紅書，當中包括了不少手寫菜單或整本供客人閱讀的菜譜，而一張舊式毛筆字菜單現在在收藏市

場隨時更可以索價數百元，所以當我掃描閱讀把玩時，亦特別小心，以免弄髒撕爛。通常的酒席主要就好像以下一九七九年楊維明先生所預訂的：

當紅片皮乳豬全體

弍熱葷：

發財柱莆 碧玉珊瑚

高湯大生翅

金華玉樹雞

福祿鮮鮑片

原盅花膠山瑞

清蒸雙紅班

生炒糯米飯

上湯長壽生麵

椰汁炖雪耳

蟠桃獻瑞

雖然菜單上並沒有表明沽價，但我想楊先生亦絕不是普通人家，畢竟菜單中既有魚翅，又有鮑魚山瑞，金華玉樹雞更是甚考功夫的菜式。但這菜單已展示出酒席的基本結構：先以乳豬全體為首，繼而有熱葷兩道前菜，中間五道為主菜，包含魚翅、雞、鮑魚、山瑞以及魚類，最後就是四項我們現在俗稱的「單尾」，而楊先生的酒席明顯是生日宴，有長壽生麵及蟠桃獻瑞壽包。現在的粵菜中菜館亦大概依隨這樣的結構，不過菜式的款式與多少自然是豐儉由人，可增加前菜或單尾數量，同時隨着環保及動物保護意識興起亦愈來愈多人會選擇不吃魚翅。

敍香園的點心及甜品

最後，紅書第一冊的最後五頁不知為何變成點心及甜品部的筆記，除了不少中西式點心及油器的份量以致做法外，更實實在在詳列了不少敍香園所提供的甜品做法：

油炸鬼

麵粉一五五‧十兩　粉鹽‧四錢　蘇打粉‧一錢
根粉‧五錢　泡打粉‧三錢　清水‧九兩
（1）先將麵粉根粉混合撈勻開成圓形，中間留空位；
　　（2）將粉鹽及蘇打粉放落中間空位處；
　　　（3）再將泡打粉放在圓形之外圍；
（4）最後將清水放落中間，將麵粉搓勻要麵身濕為好；
（5）撳扁後用濕布蓋好約半點鐘，麵身縮多小再撳扁；
　　　（6）又用濕布蓋好約一點鐘；
（7）用木槌碌扁適合油炸鬼之長度，滾油炸之便成。

雪凍豆腐花

水‧三斤　白糖‧八兩　細花奶‧一碗
維他奶‧三支　魚膠‧大菜
（1）先用清水一斤半與白糖八兩滾溶糖水後攤凍；
（2）又用清水一斤半同魚膠三錢大菜三錢一齊滾溶；
（3）再落維他奶三支細花奶一碗同埋糖水一齊攪勻攤凍；
　　（4）入雪櫃凍藏便成為豆腐花。
　　此份量可作兩席甜菜用。

中式凍杏仁豆腐

大菜▪五錢　魚膠▪五錢　清水▪兩斤半　維他奶▪兩支
大花奶▪一碗　白糖▪十二兩　清水▪兩斤半
（1）先將大菜魚膠用水浸約五分鐘；（2）再用清水滾熔魚膠大菜；
（3）格清微物留備用；
（4）再用砂糖十二錢用清水溶好；（5）兩樣都灘凍後，
用花奶維他奶攪勻攤凍入雪櫃約三小時；
（6）如加什果上面更妙，
如食時用砂糖一斤清水一斤滾溶攤凍淋上面混合小小杏仁油亦好

凍什果杏仁豆腐 又一製法

大菜三錢▪七毛　腐竹四兩▪九毛　白糖六兩▪二毛　杏仁油▪二毛
什菓一碟分三大碗用▪八五毛　柴火▪一二五元　合共▪四元
卽每席大碗計爲二元
（1）先用清水三斤大菜三錢煮溶；
（2）又用清水一斤二腐竹四兩亦煮溶成爲腐竹水；
（3）將白糖六兩與腐竹水一齊溶；（4）然後與大菜水一齊混合相撞；
（5）再落杏仁油三滴至四滴，上窩時加什菓便成。

白糖莎翁製法

清水▪六安士　麵粉▪四両　雞蛋▪大六隻　牛油▪五錢
（1）先將牛油同清水煲滾後落麵粉推勻；
（2）再將雞蛋逐隻落攪勻後猜好櫛成魚蛋型大小；
（3）隨意用慢火油炸至金黃色爲合上碟；
（4）後用幼糖或粉糖撈勻便成。

在中間三項凍甜品中，我們都可以發現維他奶這香港自家產品的蹤影。維他奶一開始推出的時候，其實不太受普羅大眾歡迎，有說是因為大部分南方人都覺得豆漿屬性偏涼。但六十年代的維他奶公司引進外國玻璃樽技術，使維他奶的保存時間大大增長，售價亦繼續平易近人；後來更推出冷凍水櫃以至冬天的熱水櫃，放維他奶在其中，解決了先前偏涼屬性的問題外，亦慢慢使維他奶成為家傳戶曉的飲品。而在敍香園的杏仁豆腐豆腐花中，維他奶應該是代替了豆漿的角色，使製作程序更簡單，同時亦顯示維他奶在六十年代已漸漸被店家接受作為煮食材料的一部分。到頭來，維他奶究竟是中式、西式、還是港式的飲料呢？而其所製成的杏仁豆腐，又是什麼甜品呢？無論如何，這小小的甜品食譜竟然可以讓我們看到維他奶在香港的發展的另一個面向，實是意想不到。

結論

敍香園亦是我所謂研究香港飲食的一個新里程碑。每每當我醉心於茶餐廳種種的時候，總會發現茶餐廳必須被放於香港整個飲食發展的文化歷史中來理解。雖然茶餐廳真的有很多值得研究的地方，但香港粵菜以至其他的飲食文化亦應該被尊重被研究，以讓後世了解香港這飲食天堂在過去一個世紀的發展。敍香園打開了我對於食材餸菜大型餐廳營運的大門，對我往後的研究工作有莫大裨益。時間所限，這裏的內容只是最淺層粗略介紹了敍香園的三本紅書（食譜），決不是什麼學術文章。若要真正認真鑽研敍香園以至粵菜的話，我想大概要投身數年時間呢。

在我書寫這個章節的時候，我總會怕好像在述說敍香園各式各樣的好，像是在為敍香園正名，讓她成為香港粵菜的正宗。當然這樣說自然是自視自己以及自己的文字過高，但有關所謂粵菜正宗的問題，

卻仍然讓不少人糾結。執筆時的早幾個禮拜，我參加了一個我所屬大學有關「產地」（terroir）的學術工作坊，了解到不少當代飲食研究學家對於產地或者何謂正宗的見解。就我個人而言，其實根本沒有什麼正宗不正宗。當我們說一樣東西是正宗的時候，我們都是主觀地以自身的經歷及閱歷來衡量，即使我們訴諸歷史，亦不能一口咬定說某菜式的正宗是怎樣。用我自己的說法來說，正宗是一種情緒，是主觀的。所以我比較喜歡用「熟悉」來評價菜式飲食。

「熟悉」對我來說是飲食的最終目標，是一種心安的感覺。畢竟人在外時，即使有幸嚐盡世間美食，我最想要的，卻是一杯由細飲到大的奶茶，或者是家裏煲的老火湯，而它們絕不會是坊間覺得最美味的，只是我最嚮往的。我不能說粵菜對於我來說是非常熟悉，畢竟我生於一個酒樓粵菜館開始沒落的年代，一個愈來愈少人吃粵菜的年代，我最多也只是一個爸媽會帶我

到城中有歷史的粵菜館吃飯，對於外國的 fusion 中菜嗤之以鼻的人。但在我閱讀敘香園的文件以致書寫這一章節的時候，我會不期然想，可能現在在香港粵菜發展這節骨眼上，重點可以放在讓香港人再次熟悉粵菜，不論是依着這三本紅書還是坊間的食譜烹煮，亦不用再拘泥於正宗與否。只要有更多人願意委身粵菜，不論是研究烹煮還是宣傳，我相信一個十年過去，粵菜可能就是香港人熟悉的，也就變成大家嚮往的菜式了。

後記 ✦

在我寫作這本書期間，正值疫情的高峰，情緒時常不穩定，重溫過去成為了我的心靈雞湯，讓我逃避到一個安全的世界，更讓我珍惜敍香園曾帶給我歡樂的日子及過去年代濃厚的人情味，同時可以懷緬着失傳的美味佳餚。

王家衛的經典電影《花樣年華》中有一幅定格字圖，引用了劉以鬯的名句：「那個時代已過去，屬於那個時代的一切都不存在了。」但在我的世界中，敍香園的那個燦爛的時代永遠都存在，埋在我心深處。

2023 年 6 月

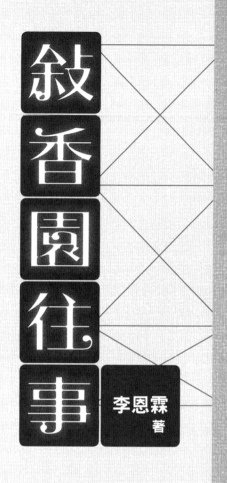

責任編輯　　葉秋弦

裝幀設計　　簡雋盈

排　　版　　簡雋盈

印　　務　　劉漢舉

出版

中華書局（香港）有限公司

香港北角英皇道 499 號北角工業大廈 1 樓 B

電話：（852）2137 2338

傳真：（852）2713 8202

電子郵件：info@chunghwabook.com.hk

網址：http://www.chunghwabook.com.hk

發行

香港聯合書刊物流有限公司

香港新界荃灣德士古道 220 - 248 號

荃灣工業中心 16 樓

電話：（852）2150 2100

傳真：（852）2407 3062

電子郵件：info@suplogistics.com.hk

印刷

美雅印刷製本有限公司

香港觀塘榮業街 6 號海濱工業大廈 4 樓 A 室

版次

2023 年 7 月初版

規格

16 開（230mm x 170mm）

ISBN

978-988-8860-44-9